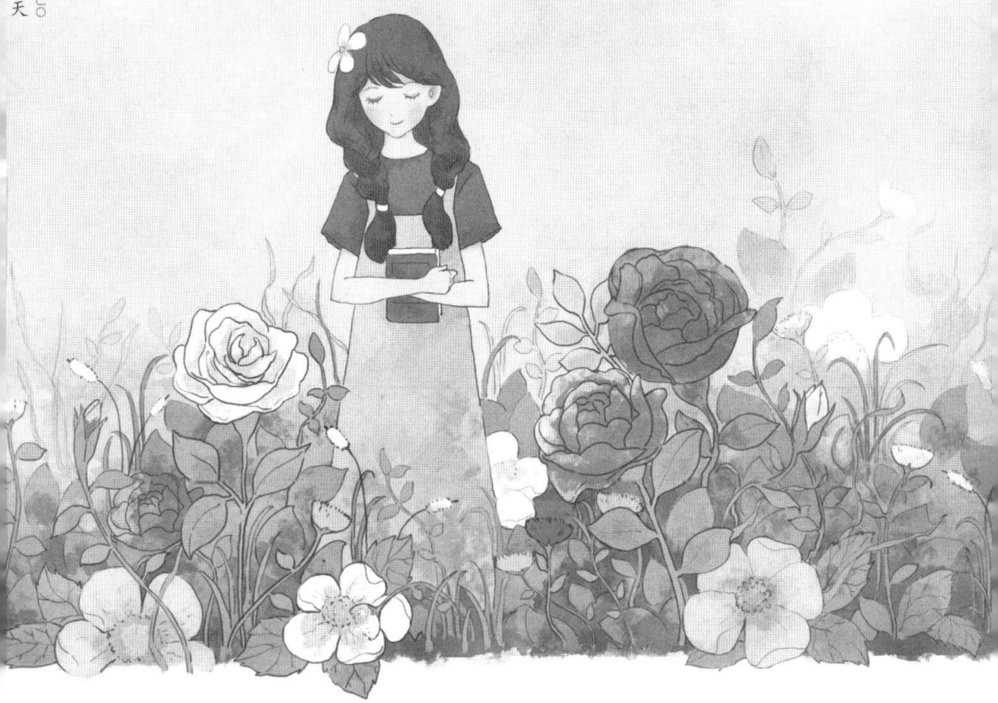

~ 中小学生老师、家长必备 ~

解读青春密码

陈一筠 主编

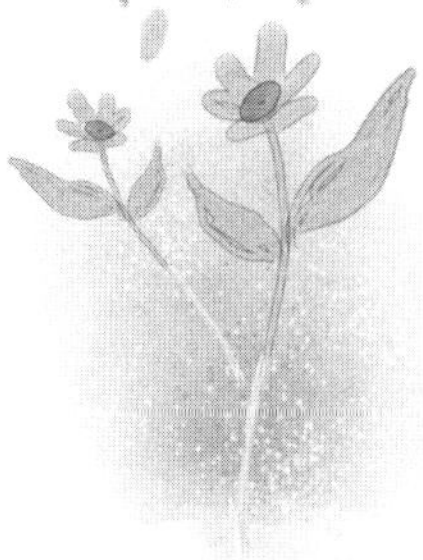

·广州·

版权所有　翻印必究

图书在版编目（CIP）数据

解读青春密码/陈一筠主编．—广州：中山大学出版社，2017.10

（青苹果丛书）

ISBN 978-7-306-06127-0

Ⅰ.①解… Ⅱ.①陈… Ⅲ.①青春期—性教育 Ⅳ.①G479

中国版本图书馆 CIP 数据核字（2017）第 186323 号

JIEDU QINGCHUN MIMA

出版人：	徐　劲
策划编辑：	金继伟
责任编辑：	张　蕊
封面设计：	高少波
责任校对：	廉　锋　李艳清
责任技编：	何雅涛
出版发行：	中山大学出版社
电　　话：	编辑部 (020) 84110771，84113349，84111997，84110779 发行部 (020) 84111998，84111981，84111160
地　　址：	广州市新港西路 135 号
邮　　编：	510275　　传　真：(020) 84036565
网　　址：	http://www.zsup.com.cn　E-mail: zdcbs@mail.sysu.edu.cn
印 刷 者：	广州市友盛彩印有限公司
规　　格：	889 mm×1230 mm　1/32　4.375 印张　85 千字
版次印次：	2017 年 10 月第 1 版　2023 年 10 月第 15 次印刷
定　　价：	32.00 元

如发现本书因印装质量影响阅读，请与出版社发行部联系调换

~ 主编的话 ~

我国2002年9月1日起施行的《中华人民共和国人口与计划生育法》中明确规定，"学校应当在学生中，以符合受教育者特征的适当方式，有计划地开展生理卫生教育、青春期教育或者性健康教育"。无疑，青春期健康的基本要素与性发育有关，因此，青春期健康教育的主线应是性健康教育。

某中学的一名女生怀孕了，她自己全然不知，父母毫无察觉，老师也没发现。这个女生竟然在卧室里把孩子生了下来，惊慌之中，她扯断了婴儿的脐带，将其抛出窗外。这件事被媒体曝光，舆论一片哗然：一名中学生，竟然不知自己身体的奥秘，不晓得生命从何而来，更不知晓扼杀生命是犯罪。最后，这位少女不得不为她的杀婴之举承担法律责任，被判劳教两

年。然而,人们不禁要问:谁来为这个少女的无知、愚昧承担责任?是老师,还是父母?

"青苹果丛书"项目组成员就上述事件进行了认真的讨论,并得出了以下基本一致的认识。

第一,关于性与生命的基本知识作为人文科学的一部分,应当在学校统一传授,并被列入正式课程,学校委派专门的教师,从小学开始由浅入深地讲解。然而遗憾的是,国家教育部迄今尚无青春期性健康教育的课程指南,也未设置相关专业来培训这一课程的教师。性健康教育究竟归属德育还是生理卫生教育尚存争议。加上应试教育的压力,青春期性健康教育的有无和优劣不在学校业绩的考核之列,因此,大多数学校并不重视。在这种情况下,那位少女的悲剧,难道不应被视为教育管理部门和学校"渎职"的后果吗?如今,渎职的学校何其多,少女怀孕堕胎的悲剧屡见不鲜。要改变这种情况,就必须确立青春期性健康教育在学校和家庭教育中的地位,从而尽快在师范院校设置相关的专业,培养合格的师资,在大、中、小学校开设学生们必需的性健康教育课程。

第二,青春期性健康教育中的性心理疏导和性行为指导是对少男少女较为个性化并带有隐私性的关怀,主要应当由父母来尽责。每个进入青春期的孩子,性发育的早晚和发育程度都是有差别的,因此,在学校讲解了性生理、性道德、性健康等一般科学知识的基础上,父母还必须针对自己孩子的发育状况、表现出的疑虑、接触网络信息的情况、与异性交往的动向甚至性冒险的迹象等,通过与孩子面对面、心对心的交谈,达到沟通亲情、分享知识和信息、改变行为和维护健康的目的。由于父母与孩子关系的亲密性和自然性、家庭环境的宽松性,谈论隐私问题更为适宜。 如果父母觉得有些问题比较容易引起孩子神经紧张或情绪敏感,可以选择在与孩子一同散步、外出旅游或做某种家务时,不经意地引出话题,即使谈话进行不下去时,双方也不会觉得尴尬,很容易找个岔子转移话题。 有些关于情感与性的话题,可以从读报或看电视时得到的信息切入,与孩子讨论报上或电视中的人物或事件,尽量不让孩子感到难为情。 父母还可以坦诚地向孩子讲述自己年轻时的经历、经验和教训,让孩子加以评点。 在这种民主与平等的家庭气氛中,孩子更容易轻松地表达自己的观点,谈出自己的感受与疑问,这样,父母就可以从中了解到孩子的心理,而不用通过偷看日记、偷听电话之类的不文明之举窥探孩子的"秘密"了。

显然,家庭中性健康教育的条件是学校不具备的。 一个班主任面对四五十名学生,只能讲一般知识,很难对每个学生都有针对性。 张三所需要的信息也许是李四不需要的,而李四所需要的知识也许张三早就知道了。 目前,部分学校已在尝试开展青春期性健康教育,但讲解的内容和方法都普遍落后于孩子的现实与需求,这就更得通过家庭性健康教育去弥

补了。

第三,我国现今青少年的父母和老师绝大多数不曾受过青春期性健康教育,轮到他们成为青春期孩子的领路人时,怎能不感到迷茫呢? 因此,当前迫切的任务是向父母和老师普及性健康知识,向他们传授正确的观念和教育方法,使他们能够胜任青少年性健康教育者的角色。

这本专为青少年的父母和老师们编写的《解读青春密码》是专家们多年来研究和实践的经验总结。 但愿此书成为父母和老师们的良师益友,对家庭和学校的性健康教育有所帮助。

2017 年 6 月

目录
CONTENTS

第一章　性与爱不神秘
第一节　性与爱 / 3
第二节　性健康教育 / 5

第二章　人类怎样创造生命
第一节　独特的生殖器官 / 16
第二节　怀孕与生育 / 18

第三章　青春来临
第一节　青春体貌，男女有别 / 24
第二节　遗精与自慰 / 28
第三节　性感情的发育 / 34

第四章　青春心理解密

第一节　青春期情绪 / 36
第二节　性心理发展四部曲 / 38
第三节　情感与冲动 / 42

第五章　呵护青春健康

第一节　关爱女孩 / 48
第二节　呵护男孩 / 56
第三节　维护青春美 / 58
第四节　心理健康更重要 / 60

第六章　给青春一片蓝天

第一节　渴望同伴交往 / 71
第二节　珍惜异性友谊 / 73
第三节　爱情属于明天 / 78
第四节　不摘"青苹果" / 86

第七章　男女平等不是口号

第一节　女孩比男孩笨吗 / 94

第二节　为何高中女生成绩下降 / 96

第三节　性别教育要与时俱进 / 97

第八章　青春路上有险情

第一节　警惕"黄毒"污染 / 102

第二节　防范性侵害 / 103

第九章　珍重生命

第一节　生命杀手艾滋病 / 108

第二节　毒品毁灭青春 / 119

第一章
性与爱不神秘

人生来就有性,但性的发育与成熟要经历一个过程。青春期的身体、生理、心理与行为变化,主要是性发育的反映。

青春期是一个人从儿童期过渡到成年期的特殊成长阶段。基于当代青少年的发育状况,世界卫生组织把青春期的年龄大致划分在10～19岁,专家们还倾向于将青春期的年龄界限延伸到22岁。由于遗传因素和环境条件的差异,青春期只是一个年龄范围,而没有标准年龄和恰当年龄之说。

一般来说,孩子成长到10岁以后,身体会出现一种突变性的发育,这是因为性腺(女孩的卵巢和男孩的睾丸)分泌释放出的性激素大量增加,足以使女孩变成女人,使男孩变成男子汉。正是这类性激素决定了进入青春期的少男少女生殖能力的成熟和身体特征的变化。青春期也是一个明确

展示性别身份和两性之间的性吸引时期。少男少女的一系列生理现象、心理现象和情感、行为倾向等,随着青春期的到来而丰富多彩,值得家长和老师们去认真解读,从而引领孩子走好青春期这段路,过好性健康这道关。

第一章 性与爱不神秘

第一节 性与爱

一、人类的性

就像人类的身体和大脑是与生俱来的一样,人的性潜质也是与生俱来的。人类天赋的性,一方面能够繁衍后代,另一方面可以表达爱情及享受快乐。随着社会对人口再生产需求的下降,性的繁衍功能大大减少,而表达爱情、享受快乐和增进健康的功能对现代人来说日益重要,这就使性科学成为对幸福人生十分重要的学问。

从科学意义上说,人类的性具有生理层面、心理层面和社会文化层面的深刻含义。

虽然性是人类和其他动物都具有的本能之一,但人类的性行为与生殖行为却与动物不同。动物的交配与繁殖是纯粹的本能行为,但人类的性欲满足却伴随着"爱"的亲密关系,人类生儿育女更是一种有意识、有目的、有条件、有选择的行为。可以说,人类的性行为和生育行为都是文化现象,受人类的自主意识和文明社会的规范主导,根本不同于动物族群的本能现象。因此,在讨论人类的性潜能时,就需要有科学的知识与信息,全面了解性的三个层面,以便弄清什么是科学的性观念、健康的性行为和负责任的性抉择。

二、人类两性之爱

两性之爱是人类特有的一种感情和关系、责任和行动。它与本能的性冲动所驱使的纯粹肉体关系不同，也有别于"堕入情网"的短暂激情体验。两性之爱是人的重要潜能展示，是两性相悦相依的高尚感情和亲密关系，是人性美好的体现，是创造生命的动力，是抚育生命的保证，是人生幸福的源泉。

美国心理学家弗洛姆认为，人类两性之爱应包含以下四个要素。

第一，奉献。对所爱者真诚关心，为对方的成长与完善而心甘情愿地奉献自己的一切。

第二，责任。有高度的自觉，为爱的关系勇于承担终生的责任。

第三，尊重。充分地尊重所爱者，绝不强加于人，或为自己的需要而强迫对方服从；在分歧面前求同存异。

第四，理解。设身处地为对方着想。理解是尊重与责任的基础。能够理解，才能与对方交流和沟通，从而深化爱的关系。

总之，人类两性之爱不是本能欲望的自然发泄与满足，而是经由人的意志力选择而表现出的负责任的行动。

第一章 性与爱不神秘

 第二节 性健康教育

一、什么是性健康教育

性健康教育有狭义和广义的层面。狭义的性健康教育是指传播关于性生理、性心理、维护性健康以及预防性疾病等方面的知识；广义的性健康教育还包括传授关于性的社会文化内涵，如性别意识、性别社会化与性别平等，教导关于爱情、择偶、婚前准备、婚姻调适以及家庭生活等全面而系统的人生科学知识。性健康教育不仅是针对青少年的，成年人也需要性健康教育。尤其是在我国，过去的时代不曾有过性知识的科学传播，人们头脑中充满了对性的误解与偏见，因此，成年人补上性健康教育的课是十分必要的。而对青少年进行性健康教育既是当务之急，又是长远之举。受过性健康教育的一代长大成人后，不仅自己能以科学的态度对待性，而且也能够对下一代传授性科学知识，进行恋爱、婚姻与家庭生活指导。

二、为什么需要性健康教育

性关系到个人身心健康、爱情持久、婚姻美满、家庭幸福以及社会文明。在科学与信息更为发达的21世纪，学习性科学知识并运用于自己的生活是每个人的需求和权利。

由于我国长期缺少科学的性健康教育，人们普遍存在性无知、性愚昧、性误解和性偏见，导致大量不健康、不文明和危险的性行为及性关系，其后果反映在未婚先孕、少女堕胎、性别歧视、婚姻不幸、性暴力，以及性病、艾滋病的蔓延等，已成为严重的社会问题。

通过性知识与性价值观念的正确传授而保护青少年一代的性健康与生殖健康，关系到未来夫妻的健康、父母与子女的健康，从而影响到人口的整体素质、民族的前途。

通过学习关于两性交往与性别平等以及关于爱情、婚姻、家庭生活等方面的科学知识，促进个人的健康成长和家庭的幸福，进而维护社会的安定、和谐与文明。

三、性健康教育的本质

性健康教育是一种行为选择的教育，两性之爱的教育不仅有科学知识的传播，而且有价值观念的教导，是社会文化与道德规范的传承。

性健康教育是一种人格教育。一个人是否有正确的性观念、态度、行为，不仅取决于他（她）有多少性科学的知识，而且取决于人格素质。因此，性健康教育与培养健全的人格是不可分离的，性健康教育是德育和素质教育的重要组成部分。

性健康教育是发扬人性的教育，是爱的教育，是两性平

等的教育,因而也是求索真正爱情和建立美满婚姻的准备教育。

性健康教育是心理健康教育的有机组成部分,是人生教育和家庭生活教育。

有鉴于此,性健康教育应当进入学校正规教育的课堂,应当纳入父母对孩子的监护责任。

四、性健康教育的宗旨

性健康教育的目的首先在于促进性健康。世界卫生组织提出的"性健康"概念是"性的肉体层面、感情层面、知识层面和社会层面的完整结合,从而积极地丰富人格,促进和增进爱"。其次,性健康教育要帮助受教育者科学而全面地认识性的生理、心理和社会成熟过程,认识友谊、爱情及婚姻关系的健康发展条件,树立性别平等、责任感与相互尊重等观念,以便享有性健康、生殖健康和幸福的婚姻家庭生活,免除因性的无知与失误而导致的疾病。

五、性健康教育的价值导向

在性健康教育中,价值观念指导极其重要。结合我国的国情,在青春期性健康教育中,我们倡导以下价值观念。

第一,性潜能是与生俱来的,是一个人生命中自然而健康的组成部分。

第二，性有生理的、心理的、社会文化的层面，把这些层面统一起来实现的性才是健康的。

第三，每个人，包括男人和女人，都有自己的尊严和价值，一切形式的性歧视、性虐待、性暴力都是对人权的侵犯，任何性行为都不能带有强制性和剥削性。

第四，尊重每个人的性取向，不歧视同性恋者。

第五，任何性行为都是有后果的（积极的或消极的），因此，每个人都有权利和义务做出对自己和对别人负责任的性行为选择。

第六，要明确地告诉青少年，尚未成熟就发生性关系是冒险之举；洁身自爱，拒绝婚前和婚外的性关系是人格健全的表现之一，也是防止性病和艾滋病传播的有效办法之一。

第七，性健康教育是家庭、学校、社会共同的任务；青少年有权获得包括避孕知识在内的科学性知识，以便做到"知情选择"；青少年应享有性保健咨询服务，使他们在必要时能得到及时的帮助。

六、关于"三道防火墙"的概念

在青春期性健康教育实践中，最具争议的问题是关于避孕知识的传播。根据国内外专家和实际工作者的经验，我们在此提出关于建立"三道防火墙"的概念，供老师和父母参考。

第一章　性与爱不神秘

第一道"防火墙"是防止未成年人的性关系，即引导 18 岁之前的中小学生做到"洁身自爱"。对于这一点，青春期性健康教育者应当理直气壮、开诚布公地讲。每个人 18 岁之前不能参加公民投票，因为不成熟，中学生不能发生性关系也是因为其心理、社会、经济方面均不成熟，无法承受发生性关系的后果。"春天就忙春天的事"，是每个青春期少男少女都应当懂得的人生规律。在讲"洁身自爱"时，我们不能否认少男少女的性欲望和性冲动，这是本能的生理现象，不受大脑和意志的支配。但如何去应对欲望和冲动，则是要通过大脑和意志力去回答和行动的。男女性器官的接触并不是排解性欲和性冲动的唯一方式，而是人生伴侣相爱的特定方式。因此，必须告诉青少年，除了性器官接触之外，还有其他释放性压力的方式，如自慰、积极参与有异性在场的文体活动等。还要说明，性欲作为一种本能现象，与食欲和睡欲相比是有所不同的。前者可以延搁、转移、消解。一个人 30 天不吃饭和不睡觉会死亡，但是 30 天没有满足性欲的成年人既不会生病也不会死亡。这样的讲解是为了消除青少年的疑虑。而且，教育孩子在未成年时克制欲望，拒绝发生性关系也是培养孩子的规范意识和纪律性的需要。

第二道"防火墙"是避孕和紧急避孕。我们希望所有 18 岁以前的孩子都能安全地站在第一道"防火墙"之内，但总有不如愿和意外的情形出现。事实表明，越来越多的"小勇士"翻墙而过。我们难以预料究竟哪些孩子会越墙，所以还是需要给他们再建一道安全网。在讲解"生命的孕育和诞生"这一课时，应当让孩子们从光碟或图画上直观地看到精子与卵子结合的过程，并且让他们知道，如果父母不可以或不想生第二个孩子的话，用哪些方法可以阻挡或避免精子与卵子见面，以及万一它们见面了，可以在72小时内用紧急避孕丸消除受精卵等。这一课可以成年人的计划生育为背景，以免让孩子感到是在针对他们或赞同他们发生性关系。避孕和紧急避孕作为控制生育的人口科学知识的讲解不会使孩子们有羞怯感、触及隐私感或意欲尝试之感。他们头脑中储存了关于避孕与紧急避孕的知识，"有备无患"，大多数孩子会在将来用上，个别孩子也许会在紧张情况下用上。关于避孕套的用法，即使在小学和初中的课堂上不便作具体讲解，也要在孩子问及时个别地详细解答。

第三道"防火墙"是关于终止妊娠，也应在"生命的孕育和诞生"的补充课中作为常识加以讲解。要让孩子们知道，怀孕的女性做人工流产，一般是在怀孕3个月之内，大月份引产，对健康损害十分严重。关于堕胎与婚后不孕不育的关系，以及当前学生流产的社会现象，也应予以介绍，以引起警惕。

总之，我们既要帮助孩子建立道德屏障，又要帮他们建

立安全保护屏障,把科学的信息提前传达给他们,让他们真正做到"知情选择",其目的是确保健康和生殖健康。

在"三道防火墙"的讲解中,也应分别根据小学、初中、高中、大学的学生不同发育阶段的实际情况进行不同深度的讲解。

七、学校性健康教育及其对教师的要求

在我国现阶段,大多数父母尚不能胜任对孩子进行性健康教育的角色,因此,中小学生的性健康教育多半寄望于学校的努力。学校毕竟是个制度化的正规教育场所,应该进行性健康知识和性价值观念的集体传授与指导。性健康教育在学校不必是一门需要通过考试的课程,但应当有专门的课时和讨论时间。教育者一般是经过训练的专业教师,他们不像父母那样与孩子有情感牵扯,他们会比较客观和冷静。教师的权威性也比父母强。性健康教育课堂本身使孩子产生一种安全感,他们觉得在这里与同学谈性是合情合理的事,因此,他们不紧张、不羞怯,既可以表达自己的意见,又可以向别人学习请教。在学校推广同伴教育是个好办法,孩子们在一个有同龄伙伴参与的轻松、友好的环境中比较容易接受知识和分享体验。但"同伴"必须是经过专门训练的大孩子,包括有一定组织和领导能力的志愿者。

在学校从事性健康教育的教师不一定是性知识与经验都

很丰富的人，因为性知识是可以通过培训很快掌握的；也不必请性学领域的权威人士去执教，但从事性健康教育的人确实需要具备一些基本素养。

第一，要能够与男孩、女孩进行公开而朴实的、真诚而虚心的对话。

第二，不会对性健康教育话题的任何内容感到棘手，能够对互动式、讨论式、参与式的课堂教学应付自如。

第三，有成熟的性经验，有良好的人格素质，有坚定不移的价值观，又能虚心听取别人（包括教育对象）的不同意见。

第四，善于启发学生参与讨论，而不只是填鸭式地灌输知识；不试图给予问题的全部答案，不会对学生的问题不经过深思熟虑就做出结论。

第五，善于承认自己对某些事物并不十分了解，留有充分的争论和探讨余地。

第六，没有动辄批评学生的习惯，善于与他们沟通和商讨，让学生进行自我评判。

第七，尊重每个学生发言或不发言的权利，保护学生的隐私，不勉强学生回答问题或让他们做不愿做的作业。

当然，能够具备上述条件的教师是经过严格挑选和培训的，这种培训既包括性的科学知识，又包括教学方法、风格、技巧，甚至教育者个人品格的训练。

学校实施性健康教育，要与家庭教育密切配合，教师要

尽可能地与父母沟通，了解孩子在家庭中接受过什么样的信息，以便与父母一起去清除孩子头脑中那些不科学、不健康的东西。此外，教师的教学内容要及时告知父母，并征求父母的意见和建议，以便更准确地针对孩子的实际情况进行教育。

第二章
人类怎样创造生命

几乎所有的孩子问及父母的第一个有关性的问题就是："我是从哪里来的？"孩子对生命奥秘的探索从儿童期持续到青春期。大多数父母害怕孩子问此类问题，对孩子的好奇心或敷衍搪塞，或装聋作哑，或加以训斥，以为孩子会就此罢休。其实不然，孩子不能从正规途径获得问题的答案，必然从非正规渠道去满足其好奇心。于是，色情、淫秽的书刊、网络信息污染孩子纯洁心灵的事件便屡见不鲜。其实，父母和老师何必对生命孕育和诞生的科学问题避而不答呢？当然，对于如何作答，教育者本身也是需要讲究方法的。

第一节 独特的生殖器官

女性和男性的生殖器官到青春期之后开始起作用。尽管每个人的生殖系统发育迟早、快慢不尽相同，但有一点是相同的，即生殖系统的发育是一种生理过程，不受人们思维、愿望及意志力影响。

一、男性生殖器官

男性有外生殖器官和内生殖器官。外生殖器官是可以看见的，包括阴茎和阴囊。内生殖器官包括睾丸、附睾、输精管、精囊、前列腺等。（如图2-1所示）

（一）**睾丸**

睾丸是男性最重要的生殖器官，约拇指头大小，左右各一，藏在阴囊内，基本功能是制造精子和分泌雄性激素。

（二）**附睾**

附睾由曲精管交织而成，主要功能是储存精子。

（三）**输精管**

输精管是输送精子的通道。

（四）**精囊**

精囊位于膀胱底

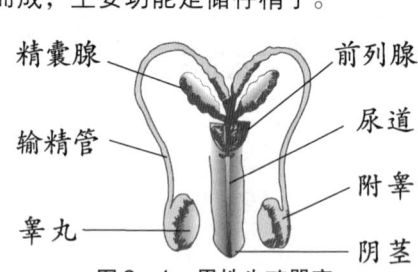

图2-1 男性生殖器官

部,左右各一,如食指大小,可产生精液,保护精子。

(五)前列腺

前列腺位于膀胱的下方,可以分泌一种液体到尿道,使精子生活在更适宜的环境中。

(六)阴囊

阴囊,俗称子孙袋,是保护睾丸的皮状囊,皮薄而多皱并生有毛发。

(七)阴茎

阴茎由皮肤结缔纤维组织、血管及神经构成,包括背面的阴茎海绵体和腹面的尿道海绵体。阴茎在性交前充血勃起,进入女性阴道,从而把精子送入女性体内。

二、女性生殖器官

女性最重要的生殖器官是卵巢、输卵管、子宫和阴道。(如图2-2所示)

(一)卵巢

卵巢是女性的主要生殖器官,有排卵及分泌雌性激素的双重功用。

(二)输卵管

输卵管外部开口于腹腔,半覆盖着卵巢,是个很好的捕手,卵巢排出的卵会被其巧妙

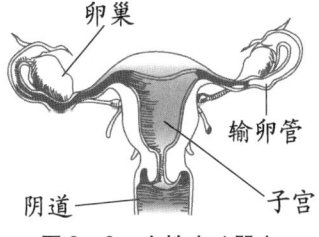

图2-2 女性生殖器官

解读青春密码

地接住。输卵管是卵子与精子会合的通道。

（三）子宫

子宫是梨形的空腔，是胎儿成长的殿堂。

（四）阴道

阴道又称产道，是胎儿娩出的通道，也是月经的出口及精子的入口。

第二节　怀孕与生育

男性和女性在性生理上的基本差异就是男性能够射精，使女性怀孕；而女性则是被动地接受男性的精子而怀孕。此外，还有四件事是女性做得到而男性做不到的，那就是女性来月经、怀孕、生育、哺乳。

一、怀孕

一个新的生命通常始于有生育能力的男女发生性交行为之际，即在男性的阴茎进入女性的阴道发生性交关系时，男方通过射精把上亿个精子输送到女方的阴道内。这些精子像长着尾巴的小蝌蚪，争先恐后地游向女性的子宫，其中有一部分得以进入输卵管。如果在输卵管内恰好遇到从卵巢排放出来的成熟卵子，那么，精子就立即将这个卵子包围，每个精子都试图穿透卵泡壁而进入其中。竞争的结果是最后只有

一个"幸运"的精子得以成功地与卵子结合,成为受精卵,被输卵管的收缩推入子宫,女性就这样怀孕了。

女性怀孕后,她的子宫内膜就成为胎儿生长所必需的物质条件,因而不再萎缩脱落,月经也就停止了,一直到孩子出生之后才恢复。年轻女性停止了月经是怀孕的征候。但不来月经也未必是怀孕所致,有的女性可能由于某种特殊的情况而迟来一次月经或暂时闭经。但无论如何,一个有性交行为的女性,在正常月经来潮时间过了一个月仍不见经血,就应当去医院检查,以便确认是否怀孕。有时,一次检查结果还不足为据,应做两次或多次检查,包括查尿和查血。

一个女性若怀孕,其早期征候是她自己就可以察觉到的。一是乳房肿胀,触摸时有疼痛感;二是早上起床时感觉不舒服,有恶心、呕吐现象,或者厌恶某种食物。这类妊娠反应一般会持续1~2个月,通常在上午较明显。女性在妊娠期会比平时更容易疲劳和打瞌睡。

二、胎儿的历程与分娩

胎儿在母体内通常要经历266天,即9个月左右。如果从上一次月经来潮算起,则要280天,即9个月零12天,所以,人们通常说"十月怀胎"。妊娠期满,胎儿就足月出世了。

母亲生育孩子是一次奇特的经历,它使女性在享受创造

生命的喜悦的同时,也承受了分娩过程的疼痛和担忧,并从此肩负起了抚育孩子的神圣责任。从孩子降生之日起,夫妻双方就开始了创造性的、艰苦卓绝的劳动,哺育孩子成长,并增进夫妻的感情。

三、生男或生女

孩子的性别早在精子与卵子结合那一瞬间就决定了。精子有两类,一类带X染色体,另一类带Y染色体,而卵子只有X染色体。带Y染色体的精子与卵子结合,则生男孩;带X染色体的精子与卵子结合,则生女孩。受精过程男女双方都不能选择和控制,所以,孩子性别是随机自然形成的。但无论男孩女孩,生命的价值是同等的。

四、避孕与节育

20世纪初以来,世界性的"人口爆炸"局面促使人类寻找控制生育的办法,于是各种避孕与节育的手段相继出现。

避孕方法有很多。其中,避孕套、避孕药膏、胶囊等应按照有关说明使用,使用宫内避孕器、宫颈帽、避孕药、紧急避孕药以及其他避孕方法则需要医生的指导。有些避孕方法是靠不住的,不应采取。例如,安全期避孕、男性体外射精、性交后女性排尿、灌洗阴道以及将杀菌的化学药片置入

阴道等。

节育有两方面的含义，一是通过有效的避孕方法来实现夫妻对生育数量、时间和生育间隔的选择，或实现永不生育的选择；二是在已经生育理想数量的子女之后，以手术方法"绝育"。绝育手术是简单的外科手术，男女都能接受，男性手术更为简便。男性做输精管结扎，使精子不能进入输精管，因而射精时精液中便不含精子。女性输卵管结扎后，精子也就不能在输卵管内与卵子结合。

五、人工流产

在意外怀孕的情况下，大多数女性选择终止妊娠，即人工流产。人工流产手术应在怀孕3个月内进行，一般是很简单的，没什么危险。超过3个月实施人工流产手术对身体的影响较大。

第三章
青春来临

　　每个人的一生都要经历三个主要的成长阶段，即儿童期—青春期—成人期。从完整的意义上说，这不仅是人的生物、生理成长过程，而且是心理、智力、道德、人格的全面成熟过程。

解读青春密码

第一节 青春体貌，男女有别

青春期到来的明显标志，除了女孩来月经、男孩有遗精现象之外，还有身体外表的变化：开始是身高突增，接着便是一系列"性征"出现，使男孩、女孩看起来迥然有别了。

一、男女有别的青春体貌

（一）身高

至于身高突增的时间，女孩在月经初潮前一年左右，男孩在首次遗精前一年左右，即青春前期，身高突增就开始了，这是由于骨骼的发育使下肢和脊柱增长所致。身体急速长高可能经历2～3年，以后便减缓。但停止长高的年龄，女孩在19～22岁，男孩在23～25岁。每个人的长高速度和最终达到的身高不同，这里既有性成熟早晚和遗传因素的影响，又与营养、健康状况等有关。

（二）体重

青春期少男少女的体重迅速增加主要是由于骨骼、肌肉、内脏、脂肪的综合发育所致，平均每年可增重5～6千克。女孩的体重与青春期发育的关系，比与年龄的关系更密切。女性的体重增加主要由于骨骼的伸长和脂肪的加厚；而男孩体重的增加除骨骼伸长外，还有肌肉的增多。成年男性的肌

肉重量占体重的42%左右，女性占36%左右，这是由于激素的差异和一般女孩活动量较男孩少的缘故。因此，女孩体内的脂肪容易积累，平均可占到体重的28%，而男性平均占18%。这使男性显得壮实，女性显得柔美。

青少年可以通过合理的饮食和适当的锻炼来控制体重及脂肪的积存量，有助于保持良好的体形和健康的体质。

（三）体形

骨骼、肌肉和脂肪是构成体形的三要素。因雌性、雄性激素的不同作用，使三者发育程度和分布显示出性别差异，从而形成了男性和女性不同的体形特征。

男性一般肩宽，身体高大，骨盆较小，胸肌发达，脂肪仅在肩部有少量积累，显出强健、魁梧的阳刚之美。

女性则四肢和髋关节处骨骼发达，脂肪集中分布在乳房、臀部及肩背处，腰细臀厚，骨盆宽大，皮肤细腻，显出体态丰满、柔软和曲线分明的女性美。

此外，青春期到来后，孩子的神经系统快速发育，促使脑神经的兴奋度增强，大脑的智能水平提高，使人的感觉、知觉、思维、记忆等功能扩展，感知能力增加，理解、分析和判断力也大大发展。所以说，青春期是学习与成才的黄金时期，是青少年奠定人生与事业基础的关键时期。

心脏、肺脏等机能的发育使少男少女进一步走向成熟，以健康的体魄和充沛的体能去承担人生的使命。

二、青少年性成熟与第二性征

（一）少女

少女性成熟以月经初潮为起点，表明少女卵巢有成熟的卵子排出。月经初潮后一年左右，排卵形成规律，即每 28～32 天一次。

少女第二性征包括乳房隆起，臀部增厚，皮肤变得光滑柔软，嗓音变得较清脆尖细，等等。正是这些特征使女孩在外表上显示出与男孩的巨大差异。

（二）少男

少男性成熟主要以首次遗精为标志，表明男孩有成熟的精子从睾丸中释放出来。遗精也表明少男有了生殖能力。

少男第二性征包括长出体毛（胡须、阴毛、腋毛），喉结显现，睾丸和阴茎长大，嗓音变得粗沉，肩宽，等等。少男的这些特点使他明显有别于女性而被称为"男子汉"。

三、教育孩子悦纳青春体貌

前面谈到性别特征是先天的，由性染色体决定，自己不能选择，只能平静而欣然地接纳。人有各种体形，有的矮，有的高，有的瘦，有的胖，有的苗条，有的丰满，可以通过调节饮食和锻炼身体在某种程度上改变。如果太瘦，就可以用增加食量的办法增加体重；如果太胖，调节饮食和用其他

第三章 青春来临

减肥办法可以减少脂肪积累,也可以通过锻炼身体各部分来调节它们的发育。但无论吃得多还是少,也无论进行了怎样的锻炼,一个人的基本体形和外貌是很难改变的。

父母应该引导孩子泰然自若地对待自己的体貌,不需要与其他人相比,教育孩子:"嘿!我喜欢我这个样子。"充分接纳自己的体貌是有知识、有理性、有自信心和有自知之明的表现。在现实生活中,少数孩子对自己的体形不满意甚至不能接纳,有的还做出不科学、反自然的改变,招致不良后果。其中一个很重要的原因,在于大众媒介总在示范某种"理想体形"。孩子在杂志和广告牌上看到的男女形象,在电视和电影屏幕上所见的"明星",似乎都完美无缺。然而,这些"明星"并不是普遍存在的,在人群中所占比例微乎其微。

父母要教育孩子学会悦纳和欣赏自己的身体,而不以时尚为标准,这是从青春期走向成熟的表现。要让孩子知道,每个人都是独特的,找不到第二个完全相同的人。独特就是美。如果能够努力去发现自己身体的独特之处,就能为此而自豪。如果人人都成为某广告模特儿或电影中的某个女明星或男明星的模样,这个世界岂不失去多姿多彩的丰富性?那该是多么单调且乏味啊!

俄国大文豪托尔斯泰曾经说过,人不是因为美丽而可爱,而是因为可爱而美丽。这里所说的美丽就是内在美、品

格美。内在美不是天生的,而是修养得来的。父母和老师要帮助青春期的孩子加强自我修养,通过提高和完善内在素质而使自己真正美丽。有的人虽外貌漂亮却内心丑恶,有的人虽其貌不扬却心地善良。这种外美内丑、内美外丑的人在现实生活中都不罕见。那么,前者和后者究竟谁更美,谁更能被人接受和赞赏呢?

父母还要启发孩子懂得什么是美和怎样鉴赏美。心灵美以及由此而产生的行为美才是最高境界的美。外表美的不足可以通过内在美来弥补,而心灵的卑污却不是外表美可以清除的。心灵美是美丽的核心和灵魂,它具有宝贵的、不可取代的价值。

父母要教育孩子如何正确看待自己的身体,怎么看是关键。要看潜能,而不是看皮毛。人生难得,关键看如何规划,如何运用。正所谓人不可貌相,海水不可斗量。唯有内心的丰富宝藏才需要无尽地开发,而外形总会渐渐老去,不论你青春时代是闭月羞花还是其貌不扬。

第二节 遗精与自慰

一、遗精

精液达到一定量后,体内无处可容,这时"精满自

溢",精液就以遗精的方式排出体外。这种遗精是正常的生理现象。第一次遗精叫"首遗"。遗精一般在睡梦中发生,也叫"梦遗"。大部分健康男性在青春期会发生遗精,一般每隔1~2周或1个月左右遗精一次。如果遗精过于频繁,可能与发生炎症、神经过度兴奋、疲劳或不良刺激(如过度手淫)等有关,要及时就医和自我控制(如转移注意力等)。

遗精是释放性压力的自然生理现象。性压力若得不到排遣,则易淤积,使人紧张、烦恼、躁动。遗精可使性冲动得到松弛和缓解,从而达到生理上的平衡。正常遗精不会损害健康,可是仍有不少孩子为遗精而烦恼。他们受"一滴精,十滴血"的非科学观念影响,把精液看成"元气",当作人体最宝贵的精华。还有人认为自己尚未结婚,"元阳未泄",遗精就把"元阳"泄了,身体亏空了。这些错误的观念困惑着不少男孩。每当他们因参加体育比赛或考试前情绪紧张而发生遗精时,就有羞耻感,甚至有负罪感,以致恐惧、焦虑、不安。还有的男孩因遗精而心理压力太大,想休学,对美好的青春失去信心。这些是毫无科学根据的。实际上,精液内除有精子和少量蛋白质、脂肪、糖分外,主要成分是水,根本不存在"元气""元阳"之类的东西。一次遗精排出的精液,总共只有3~5毫升,这对一个男性一生所产生和排放的精液来说是微不足道的。因此,正常未婚男青年每月遗精1~2次,甚至多几次都不是什么异常现

象，不必烦恼。相反，烦恼和恐惧对身体的影响比遗精本身要大得多。

还有一些男孩常常为自己不遗精而不安，生怕自己性发育不正常。其实也并非如此。精液可多次少量排入尿道，随尿液排出体外，不易被本人察觉。

当然，有些男孩遗精太频繁，1～2天一次或者一天数次，甚至午睡时也发生遗精，由此造成头晕、乏力、腰酸、耳鸣、心悸、气短、面色苍白、精神不振等症状时，就应该引起重视，或去医院就诊，或需进行自我控制和调节。父母要引导孩子学习性知识，精神上放松，转移注意力，使大脑的性兴奋减缓；自觉不看淫秽书刊及影视作品的性刺激内容，养成正常的作息习惯；积极参加各种文体活动。父母还要告诫孩子节制手淫。孩子手淫过度也易引起遗精。同时，父母必须提醒孩子保持生殖器官的卫生，避免生殖器官局部受不良刺激。包皮过长、包茎、尿道炎、前列腺炎等疾病，或内裤太紧、晚上睡眠时被子盖得太厚等，均会引起遗精。

总之，父母和老师都应该了解，正在学习阶段的男孩只要以科学的态度对待遗精，并保持乐观与自信的情绪，养成正常而有规律的生活作息习惯，分散对性的注意力，遗精就会自然减少。

二、自慰

自慰是指在没有与异性性交的情况下满足性欲的方式，常见于青春期的少男少女，有些未婚男女甚至已婚男女也有自慰行为。自慰一般有三种形式，即性幻想、性梦、手淫。

（一）性幻想

性幻想是指以与性有关的遐想来满足自己对性的心理欲求。某些孩子对异性的欲望很强烈，但又不可能或不愿意与异性接触，于是就依托于幻想。有的孩子把在文艺作品或影视片中男女的浪漫情节进行追忆和组合，加以回味和改变，虚构出自己与心仪的异性交往的种种情景：约会、游玩、拥抱、亲吻等。性幻想往往发生在入睡前及睡醒后的一段时间里或在闲暇时，如乘车、乘船时。他们在幻想时身心十分投入，很讨厌别人打扰。这些梦幻充满情爱色彩，也叫"白日梦"。有的孩子通过性幻想而达到性兴奋：女孩性器官充血，男孩射精，有时还伴有手淫行为。

青春期性幻想是少男少女性成熟过程中的正常现象，是一种个人的隐私，也是一种自慰方式。它可在性冲动时提供一条宣泄的渠道。尤其是在当今各种媒体信息中性刺激增多的社会环境里，性幻想可为排解性压力打开一道安全闸门，对己有利，对他人无害。但是，过分沉溺于性幻想，也可能形成病态，那就需要治疗了。如有的男孩因幻想与某异性发

生性关系而导致精神恍惚、身体虚弱;有的女孩因性幻想而导致精神变态,影响正常生活、学习和健康。这时父母应让孩子获得心理医生的指导和学会自我调节,使自我意识正常发育,做到自主、自立、自强、自律,以防被梦幻的魔力征服,陷入痴迷状态。若性幻想已经发展到心理异常,父母就应尽早让孩子寻求心理咨询和治疗。

(二)性梦

性梦是指在睡梦中与异性亲热或发生性关系。在性梦中,男性常伴有射精。有时在性梦中没有射精,而是等到醒后才射精,有时在半醒的状态下抑制了射精。女性在性梦中阴道壁肌肉发生节律性收缩,得到快感。性梦的发生男多于女,男性多发生于青春中期,女性多发生于青春后期。

尽管性梦的出现不受意识支配,但它可起到排解性欲的作用,也是一种自慰方式,对他人无任何妨害。但是,对性梦处理不当也会带来出乎意料的恶果。例如,某中学的一名男生梦见自己和同班的一名女生发生了性关系,他兴奋地把自己的性梦告诉了别人,结果导致那个女生因觉得羞辱而寻了短见。又如,一名女生梦见被某男演员拥抱和亲吻,后来天天到那位演员住处的街口去等他,到了不思茶饭、夜不能眠的"痴心妄想"程度。因此,父母要告诉孩子,有过性梦的不必羞愧不安,更不必"寻梦"不得而自哀自怜。性梦是性成熟的正常反应,要顺其自然。性梦也是自己的隐私，不必向他人透露，以免伤害自己的自尊心或伤及毫不知情的"梦中情人"。

（三）手淫

手淫是指通过自我抚摸或用器物刺激性器官而使性欲得到满足的自慰行为，在青少年中较常见。手淫可使男性获得射精的快感，女性也能产生性快感。这是一种性的自我满足方式。

手淫既非病态，也不涉及道德问题。据统计，手淫最常发生于10～15岁的青少年。20岁以后，随着意志力的增强，手淫趋于减少。

父母对待青少年手淫要有一个正确的态度。我国著名医学专家吴阶平教授说："不以好奇去开始，不以发生而烦恼，已成为习惯要有克服的决心，克服之后就不再担心。"如果孩子能以平常心去对待手淫，既不上瘾成癖，又不内疚懊悔，那就不会引起性心理的异常。父母对孩子的手淫也就不必过多忧虑。

有些青少年对于手淫很有克服的愿望，但往往决心不够，屡屡在原地跌倒，因此而懊恼和悔恨。实际上，这个克服既需要决心，更需要方法，还要有耐心。网络上有许多生动的"戒淫"个案和成功经验，大家不妨多加了解。

第三节　性感情的发育

青春期的少男少女,除第一性征(生殖系统及其生理现象)、第二性征(男女有别的青春体貌)的发育外,还有第三性征的显示,即人们所说的"情窦初开"。那也是因为身体内性激素的作用,使女孩男孩形成阴阳两个不同的磁场,相互吸引,表现为对异性感兴趣,产生神秘感、好奇心,欲求亲近异性。他们在与异性的接触交往中感到舒爽、兴奋。这是因为在阴阳相互吸引的磁场反应中获得了某种"情愫""性愫"的滋养,与爱情不甚有关,但这种滋养对青春期的性感情发育有积极影响。试想,如果已经开始性发育的男孩女孩对异性不感兴趣,不思交往,那他们日后也不会有恋爱择偶之欢,甚至无结婚的愿望,那是一幅什么景象呢?

所以,作为老师和家长,应当为孩子的性感情发育而感到欣慰,应当由衷地祝福他们,鼓励和引导他们在此时期敢于和善于与异性朋友交往,不要过多疑虑少男少女的正常接触,甚至用"早恋"这根大棒去围追堵截孩子的异性交往。这对正在成长中的独生子女一代尤为重要,因为他们没有同胞兄弟姐妹的交流,某种好奇心和心理压力无法得到自然释放。

第四章
青春心理解密

　　青春期孩子的心理活动比儿童期复杂多了，尤其值得父母和老师关注的是围绕性成熟而出现的一系列性心理变化。性心理健康是青春期少男少女心理健康与人格健全的关键和核心。

解读青春密码

第一节　青春期情绪

一、生理变化与性意识萌动

父母应该了解，进入青春期的少男少女性功能迅速发育，性欲萌动。他们对自身性器官的变化和两性身体外表的差异不仅十分敏感和关注，而且感到好奇和不安。他们有着对性知识的渴求，很想知晓"性"的奥秘。青少年因发育而出现生理上的不适感、身体的倦怠感，它们与心理上的神秘感交织在一起，形成所谓的"青春期情绪"。女孩因第二性征出现，尤其是乳房发育，前胸隆起，会出现局促不安和羞怯心理，害怕别人注视她；月经来潮可能加剧心理的烦恼，甚至产生惧怕、羞耻的心理；也有的女孩出现兴奋、躁动的情绪，突然感到"我长大啦"。这种情绪的波动会随着时间的推移而缓解。男孩第二性征出现时，心理波动相对来说不像女孩那么明显。不过当阴毛生长、声音变粗后，"男子汉"意识随之产生，表现为争强好胜、敏感多虑等。男孩因性欲冲动，也对性怀有好奇心或躁动不安之感，渴望获得性知识，特别是在第一次出现遗精时，由于性知识不足，可能会出现恐惧心理，或者有害羞的感觉。生理发育与性的欲望又促使他们对与异性交往产生兴趣。这种交往强有力地

影响着青少年的心理活动,加速着他们的成长与成熟过程。

二、社会环境与性心理发育

青少年性心理的发育与他们所处的社会环境关系密切。首先,他们会受朋友、同学的影响而诱发对性的好奇。中学时代,不论男女都会因同学、朋友的相互影响而产生对"性"的好奇,尤其是同学中间传阅一些有关"性"的书刊、图片,甚至偷看青少年不宜的影视片段或网络信息,更易引起刺激性的冲动。

其次,社会上和家庭中成人的两性亲昵活动,如拥抱、接吻等行为公开暴露,也影响青少年的性心理发育。可以说,青春期男女之间的吸引和眷恋既源于自然本能,又是社会生活环境影响的结果。而社会风尚和环境对青少年性心理活动的内容有着决定性影响。因此,青春期性心理也是社会心理的反映。

如今,青少年在生理发育上明显提早,而社会生活方式和文化环境的影响又与日俱增,因此,青少年性心理变化的因素、顺序和方向都值得认真研究。广大教育工作者、父母已发出强烈呼吁,要求净化社会的文化市场和媒体环境,积极组织有益于青少年的文体活动和媒体节目。中共中央和国务院发出了旨在改善和加强未成年人思想道德建设的通知,全社会都要为保护青少年的心理健康而积极努力。

第二节 性心理发展四部曲

一、异性疏远期

青少年在第二性征出现后的1～2年内,会朦胧地意识到两性差别,彼此显得拘束和陌生,表现出不安和羞涩心理。男孩怕被人看见悄然长出的腋毛,少女会掩饰逐渐隆起的乳房,很怕异性注意自己。于是,男女学生彼此疏远,课外活动也保持界限,男孩扎一堆,女孩围一群。即使是儿童时代很要好的异性朋友,此时也有所回避,疏于来往。有的孩子在家庭中不由自主地疏远异性长辈,男孩喜欢接近父亲,女孩愿意和母亲说悄悄话。异性疏远的背后潜藏着对性别差异的神秘心理。

二、异性吸引期

对异性产生好感与爱慕一般发生在女孩12～13岁、男孩13～14岁以后。这时他们开始好表现自己,吸引异性。男孩乐于在女孩面前显示自己的能力和勇气,以赢得女孩的好感和赞许;女孩内心有许多"假想观众",以为周围男孩都在注视自己,于是开始注重修饰打扮,以引起男孩的兴趣。男女相互接近的渴望使他们乐于参加与异性在一起的集

体活动,喜欢结伴外出郊游、娱乐或参加体育锻炼等,并对异性表示关心、体贴,乐于帮助异性同学以显示自己的能力并博得异性好感,但其接触交往多半没有专一性和持久性。由于他们的心智尚不成熟,情感尚不稳定,有些人往往有幼稚的举动,还会使异性难堪甚至反感,或在同学中引起议论,或被嘲笑、起哄,从而招致心理压力。此时,父母和老师要提醒孩子,对异性的兴趣出于自然,不必紧张和自责,同时鼓励孩子把与异性同学的交往保持在适当的范围内,在珍视异性友谊并以此作为进步动力的同时,还应努力把注意力转向学习知识、确立远大的人生目标,为将来的生活旅途和开创事业打好基础。另外,老师和父母须告诫孩子不要过早地陷入与某位异性同学的特殊亲密关系中,以免"作茧自缚",孤立自己,失去在集体交往中获益的机会。当然,如果能把此时对异性的好感和爱慕发展为纯真的友谊,增进男女生之间的相互了解、相互鼓励、团结进步,将是日后选择终身伴侣的有益铺垫。

三、异性眷恋期

15～16岁之后的青少年到达了青春旺盛期,加快了向成人过渡的步伐。此时男孩、女孩在对异性好感的基础上,各自形成一个或几个异性的"理想模型",并在众多的男孩、女孩共同交往中,逐渐由对群体异性的好感转向对个别异性的依恋，形成一对一交往的"专情"行动，即恋情萌生，初涉爱河。他们一般有蕴藏在内心的强烈眷恋之情，倾向于公开表露，但大多数并不直接以肉体接触来表达恋情，而是用心理交流的方式来显示自己的情感纯洁性。如果说青春初期的少年性冲动胜过理智，多表现为"一见钟情"的幼稚或鲁莽的话，那么青春中期的高中生则表现出较为成熟和理智的特点，较能控制自己的性冲动。当然，由于还达不到成年后那种理智与克制水平，他们在两性交往中也可能有不适当的表现。由于高中生的独立意识较强，与父母的关系较疏远，父母的控制力下降，所以高中生一旦失去自我控制，就比初中生容易发生性失误、性越轨，甚至做出悔恨终生或严重影响双方身心健康的事。目前，家庭和学校过于注重高中生的学业成绩和高考准备，却忽视了他们的性成熟、性心理发展中的问题，更疏于指导他们的异性交往，因此，通过学校途径对高中生进行关于友谊、爱情、性健康、性安全以及婚恋的教育与指导很有必要。

四、爱情尝试期

高中毕业进入大学的青少年（18～20岁）已到青春期后期。此时的青少年显然比青春中期更为成熟，对异性的爱慕和追求更趋专一化，萌发爱情，自然地进入了恋爱择偶的季节。社会上各种媒体的展示，大学里社交的自由和频繁的

第四章 青春心理解密

社团活动，加上初离开家庭的孤独感、无助感，都可能使大学低年级男女生对异性交往的兴趣大增，突破自我封闭和羞于透露内心秘密的心理，开始不加掩饰地追求异性，并向往终身不渝的爱情。他们的初恋带有一定的选择性、专一性和排他性。爱情不失为人生的美好体验和精神追求，也能被一部分大学生理解，所以他们的初恋理应是严肃认真的。

但在今天，随着市场经济对人们价值观的影响，社会心理浮躁，加上独生子女一代的"心理断乳"迟缓，大学校园里低年级学生的恋爱也有不少是短期行为，双方容易做出口头承诺，却难以信守诺言。最重要的一点是，随着年龄的增长、知识的丰富、交往范围的拓宽，"另有发现"或感情转移容易使他们改变初衷。大学校园里，初恋者们的"失恋"故事不胜枚举，有时造成对双方，尤其是对女孩的伤害。就算是大学生能保持爱情到毕业，但接下来社会环境与职业生涯的影响，也很可能对大学同窗"两情相依"的某些理想化和幼稚化的情感带来巨大的考验。

现实生活中，大学生恋爱最终结合的并不普遍，"两小无猜"的中学生的恋情就更难开花结果。目前，高等院校对大学生谈恋爱既不提倡也不禁止，但是大学生处在恋爱择偶的起始阶段，是非常需要教育、帮助和指导的。其中，价值观念的引导、择偶知识的传授和责任感的培养是不可缺少的。有的大学已通过讲座或沙龙等形式，对大学生的恋爱择

解读青春密码

偶进行科学的指导。中国关心下一代委员会曾经组织了一批专家到100所高校,进行题为"天涯何处觅知音——当代大学生的恋爱择偶"的巡回讲演,大学生们反响强烈,这是很可喜的现象。

 第三节 情感与冲动

少男少女的性心理发展既是自然的、纯洁的,又是微妙、细致而复杂的。父母和老师对此应有充分的敏感性,教育内容要有针对性。

一、性意识与性感情

性意识是个人关于性的思维活动,它左右着人的性行为。人类性意识发展一般要经历性别辨认的儿童期、爱慕异性的青春期、性行为意识的成熟期。性意识的形成除生理因素外,还受到家庭、社会及个人文化修养的影响。

(一)青春期性意识的特点

1. 渴望了解性知识

由于第二性征的出现,青少年渴望从性的角度认识自己与异性,渴望解释一些令人新奇的生理感受,渴望明白自己某些新的生理要求产生的原因和满足的方式。因此,他们从各种途径去探索和获取性知识。这是自然的、合理的需求。

它不仅有助于中学生破除性神秘感、掌握科学而准确的性知识，促进人格发展和心理健康，而且对人的一生都会产生深远的影响。

国内多项调查都发现，男生性知识的来源很少是从父母或老师那里获得的，这与男生内心的封闭倾向有关。他们大多数是通过上网、看展览、读有关书籍、看影视片、与同学或朋友聊天的方式获得性知识。而女生内心的封闭性比男生弱，她们一般愿意与朋友和母亲谈论性问题。随着年龄增长，她们更愿意自己去阅读有关书刊，或与一两个密友交谈。因此，在对中学生的性教育中，家庭和学校两个环节的互相配合十分重要。

2. 对异性的好奇与爱慕

当青少年发现异性与自己的差异时，他们产生好奇，便想去了解。此时，他们一方面从书刊上求索差异的原因；另一方面，特别注意观察异性，并与自己比较。他们喜欢与异性交往，愿意互相接近，相互怀有好感，出现情感上的互相吸引和爱慕。他们会自觉或不自觉地用遐想来达到精神上的满足，如憧憬未来的生活，构想与心目中的异性偶像在一起的浪漫情景，有时会想入非非，迷恋、玩味自己心目中的"爱情"，以满足精神上的需求。

3. 在异性面前表现紧张和兴奋

青少年发现自己的确有很多地方与异性不同，发现异性

也很注意自己,希望自己在异性面前表现得更出色,展示自己的聪明才智和独特风采,以吸引对方。男孩在自己喜欢的女孩面前,做事特别卖劲儿,努力呵护对方,希望在自己钟爱的女生心目中成为英雄和崇拜的对象;女孩则以文静庄重或矜持等方式展现自己的女性美。男女青少年的这种心理状态又怕被对方发现,因此往往过于紧张、压抑,反而表现出缩手缩脚,甚至举止失态;有时弄巧成拙,可能损伤自尊心,有的甚至可能因此出现心理障碍。

(二) **性感情**

在与异性朋友的接触和交往中,双方都会感到有一种相互吸引的力量。其原因有外表的漂亮、潇洒,也有内在的聪明与善良,还有感到两性互补的愉悦和满足,有人称之为"怀春心理"。怀春并不等于恋爱,怀春完全是以两性自然相吸为基础的一种朦胧的好感,只是一种性感情。父母应该认识到,少男少女在一起相处,体验到情爱的萌芽,这种情感一般不发展为肉体关系,它不过是恋爱的初步尝试与体验。这种情感具有脆弱性,难以持久。

二、性欲望与性冲动

性欲望是一种渴望获得性满足的心理体验,性冲动是性兴奋不断积累而准备行动的一种心理状态。性冲动产生的生理基础主要是性激素的作用;性冲动产生的社会因素主要是

媒体刺激和成年世界性文化的影响。性冲动初起年龄是 14～17 岁。

性欲望与性冲动的出现是生理因素和心理因素综合作用的正常结果。父母一方面要帮助孩子科学地认识自己的身心发育规律，正确对待正常的情感状态；另一方面要指导孩子学会自我控制，增强对性欲望和性冲动的驾驭能力，以保证性心理健康和行为符合社会规范。

（一）培养孩子正确的性观念、性态度和道德责任感

父母要向孩子说明，人的性行为不仅涉及个人的生活，而且会对他人（恋人、夫妻、父母）和社会产生影响。性与爱不是一回事，爱不仅是获得，而且是给予；爱需要丰厚的投入，需要承诺和奉献；爱情是两心相悦相许。因此，爱情绝不应当仅仅是出于生理需求的轻率行为，随意的、即兴而来的肉体关系不能证明爱情。

（二）培养孩子自觉抵制"黄色公害"的诱惑

父母要告诉孩子，色情文化中所传播的性已脱离了正常与健康的人类性爱，它宣扬的是无爱情的、不真实的、非人格化的性行为，并且往往充斥对女性的偏见、蔑视和对暴力的颂扬，是毒害青少年的精神鸦片。青春期是性道德的学习训练期和实践期，父母有责任培养孩子良好的性适应能力和性自制能力，使孩子既能应付复杂的社会文化环境，又能增强建设成熟爱情的积极力量，防止性越轨行为的发生。

（三）鼓励孩子正常的异性交往

青春期的少男少女对异性充满神秘感和好奇心，这时鼓励集体交往十分有益。尤其是对今天的独生子女来说，发展校园内异性之间的群体交往，对弥补家庭中社会化环境的缺欠是有好处的。由学校或团委组织文娱、体育活动，满足少男少女的交往需求，可缓解男女生个别接触的渴望。因为集体交往可以安全地、自然地使他们的心理需求得到满足，使性压力得到释放，使性心理得到平衡。

少男少女若有"一对一"个别交往的现象，也不是什么大逆不道的事。父母和老师发现后应加以引导，帮助他们把异性友谊建立在相互学习、相互鼓励的目标上，以促进知识增长和身心健康，使青春友谊成为个人成长中的积极因素。那种动辄给孩子的异性交往扣上"早恋"帽子而加以压制的做法只能助长孩子的逆反倾向，或者迫使孩子把公开的正常交往转入"地下"，而一切坏事、危险事都可能在"地下"发生。

第五章
呵护青春健康

在青春期，男女青少年正处于性成熟和各个系统器官发育的过程中，经历着身体的各种变化，有些青少年因身体的变化而产生心理失调、不安的反应等。这一时期，少男少女的身心保健就成为老师和父母必须关注的焦点。

解读青春密码

第一节　关爱女孩

有女孩的父母应该对女孩青春期保健的基本常识有所了解。女孩青春期生理保健主要是注意乳房护理和月经期卫生两个方面。

一、乳房保健

青春期乳房的发育标志着少女开始成熟，隆起的乳房也体现了女性成熟体形所特有的曲线美和健康美，并为日后哺乳婴儿准备了条件。因此，乳房的保护与保健是女孩青春期卫生的重要方面。乳房发育过程中出现的一些现象可能引起少女的困惑和不安，例如，是否配戴乳罩、乳房发育不良、乳房过小或过大、两侧乳房不匀称、乳房畸形、乳房肿块等问题。下面是保健医生的建议。

（一）少女不应束胸

青春期发育阶段的少女千万不要穿紧身内衣。束胸对少女的发育和健康有很多害处。

（1）束胸会对心脏、肺脏和大血管造成压迫，从而影响身体内脏器官的正常发育。

（2）束胸会影响呼吸功能。正常情况下，胸式呼吸和腹式呼吸两种呼吸动作协调配合进行，才能保证人体正常的

气体交换;而束胸影响胸式呼吸,使胸部不能充分扩张,肺组织不能充分舒展,吸入空气量减少,以致影响了全身氧气的供应。

(3)束胸压迫乳房,使血液循环不畅,从而产生乳房下部血液淤滞引起乳房胀痛,甚至造成乳头内陷、乳房发育不良,影响健美与美观,也造成将来哺乳困难。因此,父母要反复告诫孩子束胸的危害。要鼓励女孩把乳房发育的情况告诉父母,以便及时得到必要的保健指导。

(二)配戴合适的乳罩

乳房发育基本定型后,父母要指导女孩及时选戴合适的乳罩。女孩在 15 岁左右乳房发育基本定型,但个体差异性较大。一般情况下,可用软尺从乳房上缘经乳头量至下缘,上下距离大于 16 厘米即可配戴乳罩。戴乳罩有以下好处:

(1)显示出女性的体形美。

(2)支托乳房,防止下垂。

(3)可预防乳房下部血液淤滞引起的乳房疾患。

(4)减轻心脏的局部压力,促进心脏血流循环畅通,有利乳房发育。

(5)减轻由于体育运动或体力劳动造成乳房振动,可避免乳房受损伤。

(6)保护乳头不受擦伤或碰痛,在秋冬季,乳罩还有保暖作用。

总之,乳罩对少女来说不是一种装饰品,而是必备的保健用品。由于少女体形不同,乳房大小也各不相同,必须选择尺寸合适的乳罩,配戴后要感到舒适而无紧束感;还要根据身体发育成长中的胖瘦变化,随时更换乳罩。千万不要片面追求体形美而勉强戴不适合的乳罩。乳罩的质地要柔软吸水,要勤洗勤换,保持清洁,晚上睡觉时把乳罩取下。戴乳罩要养成习惯。

(三) 乳房包块的自查

青春期少女真正有乳房包块的现象并不多见,自己感到有乳房包块时不一定是包块。因为乳房主要由乳腺组成,有结节感,要经医生检查才能确定包块。父母应督促孩子每月自查一次乳房,自查的最佳时间是月经过后。自查乳房时应当全身放松。检查分两部分,一是要查看乳房外观有无变化;二是触摸乳房是否有包块,并且挤压乳房看有无分泌物出现。经常自查乳房是终身受益的好习惯,可及时发现乳腺有无疾病。

(四) 乳房的卫生

青春期的少女由于内分泌的原因,每当月经周期前后,可能有乳房胀痛、乳头痒痛等现象。父母要提醒孩子千万不要随便挤弄乳房、抠剔乳头,以免造成破口而发生感染。少女要经常清洗乳头、乳房、乳罩,保持清洁卫生。

第五章 呵护青春健康

（五）乳房发育不良

如果父母发现孩子的乳房过小或过大、双侧乳房发育不均、乳房不发育、乳房畸形、乳房包块等现象，不必惊慌失措。一是可通过健美运动促进胸肌发达，使乳房显得丰满；二是在医生指导下进行适当调治。少女要到身体发育定型、性完全成熟后才能确定乳房是否发育不良，不要过早下结论。

二、月经期保健

父母需要了解，少女对首次阴道出血往往会感到惊恐不安；当了解到是正常的月经初潮后，又可能对如何处理月经束手无策。因此，在少女初潮前父母有必要教给孩子一些月经期的卫生知识。

月经是女性子宫内膜剥脱，经血从阴道排出的过程。在月经期，子宫内膜脱落，形成了一个创面，阴道内正常的酸性环境也可能因经血排出而被冲淡。同时，子宫颈口微微张开，盆腔充血等致使生殖器官局部防御机能下降，如不注意卫生，细菌很容易上行侵入生殖器官。少女月经期，大脑兴奋性降低，全身抵抗力有所下降，身体容易疲劳，也容易受凉感冒或患其他疾病。所以，父母应指导少女在月经期注意以下几方面保健。

（一）经期用品的卫生

经期用品的清洁卫生特别重要，要用合乎标准的卫生巾、卫生纸。在选择卫生巾时，应仔细检查包装上的卫生许可证号、防伪标志、生产日期、保质期等；在卫生巾使用过程中应注意勤更换，最好两小时换一次，保持干爽、清洁，同时要勤换内裤。

（二）保持外阴清洁

经常用干净的温水冲洗外阴，避免经血结痂。清洗外阴时，不宜洗盆浴或坐浴，应以淋浴为好，以免脏水渗进阴道。注意外阴清洁，平时应准备专用洗具，做到"一人、一盆、一巾、一水"。大、小便后用手纸时要由前向后擦，这样可避免把肛门周围的细菌带到外阴处。

（三）保持乐观和稳定的情绪

在月经期间，少女往往因身体的某些不适，如乳胀、腰酸、小腹坠胀、头痛而情绪烦躁、易怒或抑郁，情绪波动反过来又影响月经。保持心情舒畅，自我调节情绪，就可以减轻月经期的不适感觉，也可防止月经失调。

（四）适当控制运动量

月经期要注意休息，保持充足的睡眠，以增加机体抵抗力，避免剧烈的体育运动和重体力劳动。女孩若遇到月经期间上体育课，可以向老师说明情况，参加一些轻松的运动，如简易体操、散步、打羽毛球或乒乓球等。

（五）注意保暖

月经期身体抵抗力下降，盆腔充血，要注意保暖。要避免淋雨、涉水、游泳，或用冷水洗澡、洗头、洗脚，也最好不要在太潮湿的地上坐。夏天不要喝过多的凉水，以免受寒、着凉，刺激盆腔血管收缩，导致月经减少或突然停经，引发其他疾病。

（六）注意饮食卫生，加强营养

月经期间可吃些容易消化吸收的食品，如蛋类、瘦肉、豆制品、蔬菜、水果，同时要多喝开水，增加排尿次数。每天用温水冲洗阴部，以预防感染。不吃生冷及辛辣带刺激性食物，保持大便通畅，减少盆腔充血。

（七）做好月经周期的记录

通过记录可观察自己月经是否规律，也便于作好经前准备。如果月经没按日期来潮，应当去找医师就诊，以便及时发现原因。

三、痛经

父母应该懂得部分女孩在月经前或月经期会感到下腹部阵发性疼痛，难以忍受。有时，疼痛还会放射到会阴部或者腰部，常伴有恶心、呕吐、尿频、腹泻、便秘等其他不适。腹痛剧烈时还会出现面色苍白，手足冰冷，甚至昏厥。这在医学上称为"痛经"。痛经可持续几小时或1～2天，一般

在经血畅流后疼痛也就缓解了。痛经严重而不能缓解的女孩，家长应立即带孩子去医院，在医师指导下可用药物缓解，但绝大多数的痛经可以自愈。

四、闭经

闭经就是月经不按日子来潮。闭经的原因很多，常见的有六种。

（1）精神因素，如考试前的紧张、焦虑、遇事生气、恐惧、抑郁都可导致闭经。

（2）环境变迁，如南方同学到北方上学或北方同学去南方念书，农村同学到城市上大学，环境变化，水土不服。

（3）寒冷刺激，如月经期淋雨受凉、游泳、吃生冷饮品。

（4）营养不良。

（5）身体疾病。

（6）怀孕。

青春期少女一旦出现闭经，不管是哪种原因引起，家长都应及时带孩子到医院寻求帮助。

五、白带

进入青春期的女孩雌性激素增加，使子宫颈分泌液增多，此时阴道有类似蛋清样的黏液出现，这些是"白带"。它使阴道湿润，具酸性，可抑制病菌生长。在月经前后，因

盆腔充血,阴道黏膜渗出物增多,白带亦增多,只要没有其他症状或不适,属正常现象。有些女孩,内裤上带有黄色污迹,并有臭味,这可能是青春期代谢旺盛,大阴唇皮肤下的大汗腺分泌汗液所致,也属正常现象。平时需要用温水清洗外阴部,以减少病菌的滋长和入侵。

如果青春期女孩白带量过多,经常弄湿内裤或味道很臭,外阴奇痒,有的甚至白带经常带血,就可能是疾病引起的。有的则是运动量过大或疲劳过度造成盆腔充血引起的。白带异常也可能是由滴虫或者霉菌感染引起。究竟属何种原因,家长应带孩子去医院请医师查明,以防疾病。

六、会阴部的卫生

青春期女孩处于代谢旺盛阶段,汗腺和皮脂分泌多,以湿润周围皮肤。大小阴唇皱襞部位容易积存污垢,较胖的少女更是如此。所以,会阴部的卫生十分重要。父母需要经常督促孩子做好如下事情:一是每晚都要用温水清洗外阴,一般不必用高锰酸钾等消毒剂,以免外阴、阴道受到不良刺激;二是清洗外阴的盆、毛巾以及水要单独使用,不能与洗脚的盆、毛巾和水混用;三是不要穿别人的内裤,自己的内裤要选用透气性好、吸湿性强的棉制品;四是养成大便用纸从前向后擦的习惯,预防肛门口的细菌进入阴道。

第二节　呵护男孩

养育男孩的父母应该对男孩青春期保健的基本常识有所了解。男孩青春期生理保健主要是注意阴茎和睾丸的保护。

一、阴茎保健

包皮过长和包茎是男性青少年中比较常见的现象。正常成人阴茎松弛时包皮不遮盖尿道口，包皮上翻时能露出冠状沟。包皮过长是包皮盖没了尿道口，但上翻时仍能露出尿道口和阴茎头。包茎则是指包皮口狭小，紧包住阴茎，不能向上翻开露出阴茎头。

包皮过长的危害主要是影响包皮和阴茎头之间的清洁，容易发生包皮阴茎头炎，进而发生后天获得性包茎。正常情况下，包皮会产生一种带臭味的很脏的物质，呈乳白色豆渣状，叫包皮垢。包皮垢是细菌繁殖的温床。若不能及时将包皮上翻清洗干净，可导致包皮和阴茎头发炎，出现局部红肿、刺痒或疼痛，这就是包皮阴茎头炎。炎症反复发作，则可产生纤维粘连、包皮不能上翻，形成后天获得性包茎。此时，若强行上翻，则可形成嵌顿，使阴茎沟血液、淋巴回流受阻，导致阴茎头肿胀、发亮。这时，家长需要立即带孩子去医院就诊复位，否则会发生阴茎头坏死。

包茎一般是先天性的,但也有因包皮过长发展形成的。包茎的包皮囊内积存的包皮垢往往无法清洗,久而久之便形成结石。长期慢性的不良刺激会引起包皮、阴茎头溃疡,与阴茎癌的发生也密切相关。包茎口过小还会发生排尿困难,尿液往往会积聚在包皮内,膨胀成球状物。

因此,家长要指导孩子养成每天把包皮翻上去清洗的习惯。如果青少年发生包皮阴茎头炎,家长要带孩子尽早去医院就诊。

包皮过长的孩子应由家长带去医院检查,由医生确定是否需要做手术。包茎患者宜在儿童期就接受手术。这种环切手术是小手术,不需住院,术后可以立即回家。手术对性功能和将来的性生活不会有任何影响,还能促进阴茎的发育。

二、隐睾

睾丸正常的位置是在阴囊内。如果阴囊内无睾丸存在,就称为"隐睾症"或"睾丸下降不全"。隐睾是男孩中一种比较常见的先天性畸形。男性胎儿睾丸生长时,原位于腹腔,至胚胎7～9个月时,下降入阴囊。有些人出生时睾丸尚未降入阴囊,大多在出生后1～2个月内降至正常位置。还有些人是出生后1～2年睾丸才移入阴囊。如果到了青春期睾丸还不坠入阴囊,在腹腔温度过高(35℃)时,睾丸生精细胞停止分化产生精子,造成不育或产生癌变。发现隐

睾，家长应及早带孩子去医院做手术固定，最好不迟于10岁，一般可在6～7岁时施行隐睾固定术。

第三节 维护青春美

无论养育男孩还是女孩，父母都应该了解男孩、女孩在青春期共同面临的健康问题，帮助孩子安全度过青春期。

一、面部皮肤保健

青春期，很多孩子脸上长出一颗颗红色的小疙瘩，人们称之为"痤疮"，俗称"青春痘"，有碍美观，也经常发痒；不小心抓破时，还容易发生感染，形成疤痕，令孩子十分烦恼。

青春痘的成因目前尚不十分清楚。一般认为，主要是青春期皮脂腺分泌增多引起的。

父母应该提醒被青春痘困扰的孩子注意以下几个方面。首先，要保持面部皮肤的清洁卫生，经常用温水洗脸。可选用中性洗面液，尽量少用香脂等油质类化妆品。一般每日洗脸1～3次。千万不要用手挤压患处，以防感染。其次，应少吃肥肉、猪油、糖和辛辣刺激性食物，多吃蔬菜、水果等，清淡饮食，且不宜饮酒和抽烟。此外，要经常洗头发、洗澡，用抗菌皂可除去油脂，预防痤疮。如果痤疮严重，父母应带孩子去医院请皮肤科医生检查治疗。父母还要让孩子

懂得，保持良好的情绪、充足的睡眠、合理的营养也是面部皮肤健美的重要因素。

二、毛发的保护

父母需要提醒孩子保护头发，首先要经常洗头，注意头发卫生，每日2～3次梳理头发，以促进头皮血液循环，并可除去头皮屑，使头发不受侵害。其次是加强营养，从饮食中补充丰富的蛋白质、脂肪类、维生素以及微量元素，以促进头发生长，并使头发保持光泽而不易脱落。

父母要告诫男孩注意胡须的卫生保健。让孩子用干净、消毒的剃须刀修刮胡须，切勿用手指、镊子、夹子等物硬拔胡须，以免引起毛囊发炎。对腋毛、阴毛也要经常清洗，保持卫生。

父母还要指导孩子科学用脑、保证充足的睡眠和适当的休息，这些都是青春期毛发保健的重要方面。

三、预防身体肥胖，保持健美体形

近年来，青少年的肥胖人数逐年增加。肥胖分两类：一类为病理性肥胖，是由各种疾病引起的；另一类为单纯性肥胖，是由于营养失调和运动量过少而引起的。青少年多为单纯性肥胖，绝大多数是饮食习惯不当以及营养过剩所致。另一部分人的肥胖则与遗传因素有关。

肥胖对人体健康十分不利。青少年期肥胖是成人期发生高血压病、冠心病、糖尿病、高脂血症等疾病的危险因素，同时也导致个人行动不便、体态笨拙。预防肥胖首先应注意合理进食。一般原则是早饭吃好，午饭吃饱，晚饭吃少。父母一定要督促孩子定时定量进食，不应偏食。吃饭时要细嚼慢咽，不暴饮暴食。要少吃甜食、零食、油腻食品。应以高蛋白、低脂肪、新鲜蔬菜水果、含有维生素及矿物质的食物为主。既要摄取足够的营养以保证身体需要，又要注意适当节制食量。

父母还应要求孩子积极参加体育锻炼，保持适度的活动量，消耗多余热能，以避免体内热量过剩转变为脂肪积聚起来而形成肥胖。

目前，在青少年中，尤其是在少女中间，又出现了另一个极端的倾向，即为了体形苗条而采取不科学的饥饿办法，或不吃早点，或不吃有营养的肉蛋类食物。这都是不可取的，会影响身心的正常发育，导致内分泌紊乱、月经不调等；有的还造成厌食症或胃萎缩，严重威胁身心健康。父母对此一定要承担起监管的责任。

第四节　心理健康更重要

青春期心理保健同生理保健一样重要。据统计，目前我

国学生中,心理和行为障碍者占学生总数的20%以上。进入青春期的少男少女需要面对生理上的改变和心理上的种种挑战。为此,在家庭、学校和社会中建立良好的人际关系和创造理想的心理环境是十分重要的。作为父母和老师,了解青春期孩子的心理发展特点,帮助孩子解决各种心理困惑是义不容辞的责任。

一、建立良好的人际关系

父母和老师应该教育孩子,以坦率真诚的心,构筑人与人之间的友爱之桥。让孩子懂得,每个人生活在人群中,都渴望被人接纳、理解、关怀和爱。但这种关系是相互的,给予别人关怀和爱是获得爱的前提。人与人的沟通是给予和获得友情、爱情、亲情的渠道。成功的沟通是以了解自我、了解别人、尊重别人为基础的。关怀别人,多为别人着想,体谅别人的困难,谦虚忍让,是保持友谊的关键。

父母和老师要引导孩子尊重家人、长辈和老师。孩子与家庭成员之间有良好的沟通,有助于培养他们积极自信的人格。在和谐的家庭中,孩子遇到挫折或压力时会向家人求助,否则他们会感到孤立无援。家庭的良好氛围对孩子健全的人格发展有深远意义。

父母和老师应鼓励孩子多参与集体活动,学习与别人相处,这对于今天的独生子女一代特别重要。在群体交往中,

孩子可以学习如何与异性相处。结交异性朋友并不表明性或爱的成熟，但与异性交往却是个人成熟过程中不可缺少的内容。父母禁止孩子与异性交往不是防止"早恋"的好办法，只有正确引导和鼓励异性同学集体交往，才能有效缓解青春期孩子的性生理和性心理压力。

二、保持健康的心理状态

心理健康是指一个人在生活中能保持愉快的心情、敏锐的智力、积极的进取心，具有适应周围环境的能力。

（一）鼓励孩子积极求知，开发智力

青春期是学习的黄金时间，父母和老师要激发孩子的求知欲。青春期是智力发展的高峰期，是创造力发展的最佳时期。青少年最少保守思想，最易接受新思想、新事物，有强烈的好奇心和进取心，勇于探索和实践。父母和老师要帮助孩子把学习看成一种乐趣而不是负担，才能使他们自觉完成学习任务。填鸭式教学、应试教育、会考大战等对孩子的身心发育都不利，还可能造成厌学情绪。教育上片面追求考分、升学率的弊端会严重影响孩子的心理健康。近年来，教育部门推行的"减负"政策有助于减轻学习压力，促进学生的心理健康。

（二）培养孩子健全人格

人格表现在对自己、对他人、对社会所持态度及其行为

方式上，是比较稳定的心理特征。青少年期是人格培养的关键期，他们在儿童期已奠定了一定的人格基础，但仍有可塑性，还不到"江山易改，本性难移"的程度。此时的人格培养既有可能矫正儿童期留下的某些缺陷，又可能培养"理想类型"的人才。然而，遗憾的是，由于缺乏科学而健康的人格训练，目前我国青少年中心理和行为障碍者竟然占到青年总人数的 20% 以上。据调查，中学生中普遍的人格缺陷有 12 种，包括自私、自卑、虚荣、任性、固执、娇气、骄傲、消沉、孤独、抑郁、嫉妒、胆怯等。这已成为青春期性健康教育面对的严峻现实和艰巨任务，必须由父母和教师共同配合以逐渐解决这一难题。

（三）帮助孩子适应环境

青少年生活在自然环境和社会环境中，自然环境千变万化，社会关系也错综复杂，要想一生中都万事如意、一帆风顺是不可能的。现代青少年常会遇到这样几种矛盾：

（1）独立要求和依赖关系的矛盾。

（2）自主活动要求与教师、父母限制的矛盾。

（3）理想生活与现实环境的矛盾。

（4）消费要求与家庭经济能力的矛盾。

（5）满足个人的性欲望与遵守社会道德规范的矛盾。

父母需要经常提醒孩子，当环境不允许时，必须面对现实，自我克制；在挫折、失败面前也要努力保持积极乐观的

态度。其实，克服困难、解决矛盾的过程就是锻炼意志力、训练人格的过程。当然，知识在其中是很重要的，但接受了什么样的价值理念，培养了怎样的人生观、世界观更为重要。

三、保持良好的情绪

良好的情绪来自对人生的积极乐观态度，它包括自爱之心、自知之明、自制之力、自得其法等方面。

（一）自爱之心

自爱是指自己爱惜自己的健康、荣誉和独特性。父母需要提醒孩子，当遇到挫折、困难或心境不好时，要有自我克制、自我调节的意识和能力，要认识到消极情绪和悲观失望会损害健康。例如，女孩月经来潮时，可能心情烦躁，此时若对同学或家人生气会造成痛经，甚至造成月经不调。因此，为了健康而学会控制情绪，便是自爱的表现。

（二）自知之明

自知之明是指能正确认识和评价自己，接受自己与别人的差异，懂得每个人在学习、生活、人际关系中都不可能事事如意。步入青春期的青少年面对人生道路上的不平坦，对经常会发生的曲折事态往往缺乏思想准备。因此，父母要教导孩子学会在逆境中前进，经得起挫折和磨难，加强自我修养，遇到复杂的事要冷静分析，采取理性的办法去处理，逐

渐培养起孩子承受挫折的能力。如有的孩子升学考试落榜，但通过再考或自学成才的道路达到了自己的目标，这就是健康心理和人格素质带来的成功。

（三）自制之力

自制之力是人类特有的心理品质。一个人具有善于克服自身心理障碍、成功驾驭自己的行为以适应环境的能力，这就是自制力。如同样在听课，有的人能全神贯注，专心致志；有的人却胡思乱想，心不在焉。同样遇到挫折和打击，有的人能控制自己的情绪，镇静应对；有的人却任凭情感支配，惊慌失措。出现这些差异的重要原因是自制力的强弱。

随着青少年身心的发展成熟和知识、智力的日益增长，自制力也会随之发展。但这种自发的自制力是比较脆弱的，容易受自身性格、欲望以及外界各种因素的影响，所以，顽强的自制力是需要经过培养、训练而逐渐增强的。

父母和老师可以通过以下两个方面的努力培养孩子的自制力。首先，要帮助孩子树立崇高的理想，增强责任感，用远大的事业目标和崇高的理想鼓励自己积极向上。其次，要让孩子学会自我调节，克制冲动。青春期易产生激情，激情有积极的和消极的两面。积极的激情可以引导人们做出丰功伟绩，消极的激情容易造成行为失误。所以无论是在顺利或挫折时，都要自我调节以抑制消极的激情。

解读青春密码

（四）自得其法

自得其法是指采取各种方法克服消极心理，转移注意力，排除内心郁闷。我国中医理论早就指出怒伤肝、思伤脾、忧伤肺、恐伤肾等情绪致病的后果。父母和老师应关心孩子的情绪状态，科学地教育孩子自觉控制和调节自己的情绪。

1. 宣泄

将消极、激烈的情绪释放出来。青少年可以找自己的亲朋好友诉说心中的烦恼和忧愁，然后就会感到心情舒畅多了；遇到伤心的事情大哭一场也可以宣泄心中的郁闷，以达到心理平衡。

2. 升华

将一些本能的力量，如饥饿、性欲、攻击性等内驱力，转移到自己和社会所能接纳的安全范围内，求得变相的、象征性的满足，这就是升华。例如，把被压抑的激情转移到正当的文化艺术活动中去，如写日记、写诗、读书、唱歌等，以这种形式来抒发自己的情感，释放压力，不失为一种超越。

3. 补偿

当生理上或心理上有缺憾而感到不悦时，设法去弥补这些缺憾，从而减轻自己不悦的感觉。如把愤怒或压抑的情绪化为学习与工作的动力，从学习进取的成功中得到补偿。有

个男孩,其父母离异,他自己常常感到孤独和伤心。后来他发奋图强,努力学习,交知心朋友,最后以优异的成绩、诚挚的友谊得到老师和同学的赞许与尊重,在班集体中得到温暖,变得乐观自信,笑口常开。这就是补偿。

4. 转移

即把注意力从一种事物转移到另一种事物上去,以减轻心理负担。当个人的愤怒、忧愁、惧怕等情绪不能缓解的时候,可以听一支悠扬的乐曲,看一场令人轻松愉快的电影,或散步、打球,换一个环境便能冲淡或抵消一时的不良情绪,缓解心理压力。

第六章
给青春一片蓝天

进入青春期的少男少女，其人际交往显示出与儿童期大不相同的特点。儿童的交往几乎只具娱乐性，即寻找玩伴，他们无辨别与选择朋友的能力。而青少年交朋友有各种意图，有选择性，有交往内容。寻找认同感，确认价值与身份是青少年交往的一个最重要功能。

独生子女家庭中没有兄弟姐妹，进入青春期之后与父母也不大容易亲近，他们寻求同辈朋友的兴趣就必然转向家庭之外。在这方面，男孩更甚于女孩。青少年在家庭之外的生活渐渐与家庭生活分离开来，也与社会中的成年人世界产生距离。这种现象，被称为青少年"亚文化"现象。在"亚文化"群体中，孩子们差异不是很大。从他们喜好的服饰、音乐、食品，到言谈举止、娱乐方式、价值观念、交往习惯等，都反映出青少年的普遍特点。例如，一个时期里，我国少男少女对流行音乐和港台歌星的热衷与崇拜，形成了所谓"追星族""发烧友"群体，就是一种典型的青少年"亚文化"现象。青少年"亚文化"圈是青春期社会化的一个重要环节，它具有不可取代的特殊功能。利用得好，可以补充家庭、学校和社区对青少年教育训练的不足；但若失去控制，"亚文化"也可能对社会和个人带来破坏性作用。

另一种现象是青少年的两性交往兴趣和交往行为增加。这种交往也具有"社会化"的特殊功能。它不仅可以消除两性之间的神秘感、好奇心，缓解心理压力，还可以帮助少男少女自然地了解异性世界，在异性世界中去认识自己，从而建立良好的自我意识、群体认同感、性别平等观念和责任心等，为日后的择偶、结婚和家庭生活进行早期准备。

第一节 渴望同伴交往

如今的独生子女家庭中没有同胞兄弟姐妹的交往,享受不到同辈的自然友爱之情。这是青春期社会化过程中的一大缺憾。因此,鼓励孩子与同龄人结交朋友,建立积极的同伴关系是必要的。

一、青少年同伴友谊的积极功能

同伴中有好友、挚友,也有兴趣爱好相同的社团成员。这类同伴有助于孩子参加课余活动,培养群体意识和荣誉感,学习人际交往的方式与技巧,增强身份感、判断力、责任感、自尊心和自信心,以便更好地向成人心理和行为方式过渡。同伴关系也有助于孩子在社会活动中的安全保护,相互关照,锻炼其成熟性。

青春期的孩子必然要寻求一种新的认同,这是因为他们处在心理上的"断乳期"。同龄伙伴好像一个暂时的替代性"哺乳室",可以帮助孩子顺利度过从家庭走向社会的困难时期。例如,同伴之间往往比孩子与父母之间更容易分享彼此的观点、经验和感受,甚至更便于讨论某些隐私问题,排解不良情绪。尤其在现代社会中,父母都忙于自己的工作,很难有时间和精力去跟孩子认真谈心和平等交流,加上代沟

的普遍存在,所以独生子女有良好的同伴关系是一大幸事。

青春期孩子的同伴情谊对于心理调节、增加社会适应能力的好处是显而易见的。一般朋友关系较为满意与和谐的青少年在自尊感、体谅和关心他人的情感方面表现较好,孤独感较少,在同学中较受欢迎和尊重,也能悦纳朋友,显示出与社会要求相一致的为人处世风格。他们在学校里也多半是好学生,有较高的成就动机和较好的学习成绩。

总之,青春期的孩子,尤其是独生子女的同伴友谊关系有益于他们的心理发育、社交能力培养和学习进步。同伴友谊关系既有激励、示范、引导的功能,又有制约、规劝、安抚等作用,是青少年社会化过程中一种自助和互助的条件。

二、父母关心指导,以防交友不良

国内外的研究者普遍认为,健康的家庭关系是孩子在外交友、建立良好同伴关系的前提。父母关系危机、家庭动荡破裂或代际关系恶化,会直接或间接影响到孩子对同伴的选择和同伴关系的性质。因此,父母要营造和谐温馨的家庭氛围,建设恩爱的夫妻关系,示范平等的角色和良好的沟通技巧,言传身教,给孩子树立实际的榜样。父母还须知晓,孤独感对独生子女有多么消极的影响。父母和老师都要敏感地察觉到孩子的哪些行为举止是孤独感所致,要及早发现苗头,采取措施,把不良行为倾向消除在萌芽状态。

父母和老师都要关注青少年同伴之间友情的性质、结交的目的和他们在一起做些什么，这是为了避免孩子盲目交友，甚至卷入某种不健康或不安全的关系中去。父母和老师应当告诉孩子，在朋友之间表达信任、友爱、支持等感情并不是本能所为，而是需要学习和遵循一定的原则和规范。评价同伴友谊是否健康的一个重要标准就是看双方是否在友谊关系中得到了进步、成长。如果发现孩子在同伴关系中有不良情绪和有害的生活方式，就应当劝告他们立即终止或改变这种关系。如果发现孩子在同伴关系中遇到了什么困难或挫折，就应当及时向孩子提供援助，帮助他们疏导矛盾，调解冲突。如果父母已无力救助陷入同伴关系危机中的孩子，则应当及时寻求咨询专家的帮助，甚至求助于公安机关，以防不良同伴关系或同伴冲突酿成意外的伤害事件。

第二节 珍惜异性友谊

在与同伴玩耍中，儿童期的男孩、女孩并无多少性别敏感性；而进入青春期之后，同伴交往逐渐带上性别色彩。他们从异性疏远走向异性眷恋，与其性心理发育过程相一致。

一、少男少女交往的一般心态

少男少女交往中的一个普遍心态就是希望得到异性的接

纳、欣赏，从而增强自信心与自尊心。中小学时代的异性交往伙伴多是不稳定的，也无法做重大而长久的承诺，即使达到挚友、密友的程度，也未必日后不会疏远。许多成人喜欢谈论中小学生的早恋，如果一定要说他们是"恋"的话，最多不过是一种恋爱的尝试吧。初恋时，他们不懂爱情。其实，大多数成年人不也经历过这样的尝试与练习阶段吗？

与另一个人建立友爱的关系使少男少女觉得充满力量，感到安全和提高自我价值。如今，在中学生里，没有交上异性朋友的人甚至会自卑。少男少女们在互联网、影视等媒体的影响下，许多人幻想涉入"爱河"。早恋现象增多使父母和老师对处于青春期的孩子颇为担忧。

当然，大多数少男少女并没有为建立真正的恋爱关系作好准备，只不过是被浪漫爱情的神话弄得迷茫与困顿。实际上，少男少女的交往大多数并不具有谈恋爱、找对象的性质。

二、少男少女交往的一般类型

观察现今中小学一般男女生之间的交往大致可以总结出以下几种类型。

（一）娱乐型的交往

青春期的少男少女的娱乐场所渐渐从家庭移向学校和社会上的"亚文化"圈。他们在那里与志趣相投的同伴结识

交往,其中自然也有异性伙伴。最理想的当然是有稳定而方便的娱乐组织和场所,使青少年能够经常进行集体的交往。这种集体交往是在公开场合下进行的,一般有益无害。但是,在我国现阶段,由于交通、场地、学业压力、经济条件、家庭状况等方面的限制,青少年集体交友比较困难。常见的情形是一个人只能保持一个或两三个交往伙伴,主要是同龄的同学。他们经常为了娱乐而约会或聚会,如看电影、听音乐、下棋、打球、游戏、郊游、逛公园或者聊天,交往双方并无责任或义务的约束。当然,其中有的玩伴也可能建立较为稳定而持久的友谊,但一般是没有长久承诺的,与爱情并不相干。但孩子们在这样的异性交往中既能愉悦身心、增进健康,又能在一定程度上释放和缓解青春期的性心理压力,消除对异性的神秘感,可以说,起着"脱敏"的作用。

(二) 心理需求型的交往

青少年的某些特殊需求通过交友而得到满足,这是很自然的。前面说到,青春期少男少女有着接近异性的自然要求,"同性相斥、异性相吸"的磁场效应在此十分明显。尤其是某些年轻人在学业上、生活上遇到困难,或与家人、老师、同学的关系等方面发生矛盾时,更渴望得到他人的理解、关怀和同情。年龄相当、经历相似或相互有好感的异性常常最适合充当安抚者的角色,因为异性同学带着"磁场"的吸引力和"情愫"的滋养进入受伤者的内心,更容易产生安抚乃至治疗的功效。这种两性交往是在一方或双方的某种特殊处境下发生的,多半具有心理补偿的功能,不能与恋爱相提并论。但有些人以为,这时的"情感授受者"今后结合定会幸福美满。殊不知,一旦时过境迁,暂时的心理安抚和救助大多不可能变为持久的承诺,"受惠者"也不必以嫁娶来"报恩"。须知,结为夫妻是远比暂时的"情感授受"复杂得多的终身大事,不能失之轻率。

(三) 寻求地位型的交往

有些青年男女选择某个层次、某个圈子的交往对象是为了追求一种地位,证实自己在群体中的威信,争取周围人对自己的较高评价,以满足个人的虚荣心,这是一种功利型的交往,与诚挚的友情相去甚远。应当通过家庭和学校教育防止孩子有过强的功利心和虚荣心,以免交友失当。

(四) 社会化型的交往

首先,青春期的少男少女自我意识增强,对自己的形象、能力、价值、前途等十分关注,也很重视自己在别人心目中的印象,尤其是在异性心目中的印象。这时,他们选择异性交往伙伴,以证实异性对自己的看法,并比较同性和异性对自己评价的差异。其次,青少年通过交往,使自己有机会去认识异性世界,学习怎样同异性相处,从中懂得一些礼节、道德规范、责任义务,接纳和学会扮演适合现代社会的性别角色,完善自己的个性,提高交际能力。这种交往不局

限于某一个异性,交往双方在年龄、家庭背景、学业以及其他方面并无严格的选择,而且交往对象容易变换,交往范围逐渐拓宽。这种交往对个人的成长是有好处的。青少年男女在不断地交往与体验中逐渐熟悉异性世界,也深入地认识了自己,从而为今后的"定向"交往打下基础,为正式进入恋爱择偶阶段做好准备。

(五)提升智慧和增强自尊型的交往

虽然男女在智商上总体平衡,但在智力结构与方向上略有差异。例如,男性在逻辑思维、抽象记忆、空间感、距离感方面比女性有优势,而女性在形象思维、语言表达、机械记忆等方面比男性有优势。男女同学交往有助于取长补短,克服性别对智力全面发展的局限,有助于未来在更大范围内选择专业和职业。

青春期是自尊心和自信心发展的关键期。少男少女在异性同学面前最容易表现出自尊,尤其在心仪的异性面前,更怕失去自尊。家长和老师都应重视这一点,千万不要在异性同学面前伤害孩子的自尊心。鼓励孩子与异性从容、大方地交往,有助于孩子培育、发展和保持自尊、自信。

总之,青春期的异性交往是现代社会中的普遍现象。青少年的早熟和对异性的神秘感与好奇心,以及独生子女的孤寂感都在促使他们比过去的青少年较早地开始同异性交往。在这方面,压制和堵截都无济于事,老师和父母应当对孩子加以适时、适度的关心和疏导,以防他们陷入困境或误入歧途。

 第三节　爱情属于明天

少男少女可在集体的交往中获得最有益的自我认识并认识异性。有充分集体交往活动的青少年一般不易陷入"一对一"的两性深交。但因个体的性成熟度存在差异,家庭环境及个人心理处境也不尽相同,有的青少年可能较早地开始了寻求爱侣的经历,常见的表现便是私下约会,但其内心却充满了疑惑:我可以谈恋爱了吗?

一、什么是成熟性

从广义上说,如果只是为了交异性朋友而寻找与异性见面的机会,那是很正常的。但如果这种交朋友带有求偶的性质,那就需要严肃对待了,要看他(她)是否有了求偶的准备和具有恋爱所需的成熟性。所谓"成熟性",就是一个人建立了相对稳定的人格,心理上独立,能体察他人的感受,能够关怀、照顾和尊重别人,有承担责任的能力和条件,要承诺一生并付诸行动。

(一)相对稳定的人格

真正的爱包括正视两个人不同的性格,彼此不同的需

求、价值观、生活方式和利益。为了能够在两个成熟的人之间建立和谐的关系，双方需要具有相对的般配性。如果其中一方人格尚未定型，感情飘忽不定，那就很难建立深沉而长久的关系。因此，双方在价值、需求、生活志向等方面达到真正相互了解、相互接受、相互般配之前，是谈不上建立某种持久而稳定的爱情关系的。

（二）心理上的独立性

衡量一个人心理上的独立性，要看他（她）是否有能力独立抉择，能否承担起自己肩负的大多数责任。在健康的爱情关系中，不是一方在心理上依赖另一方，而是双方都有能力去栽培自己和对方。相反，在不良的关系中，往往是一方为逃避难以忍受的孤独感、失落感等而使自己去依赖他人；他（她）会放弃自我意志而听任对方指挥或乞求与对方保持关系，就像孩子对父母的依赖那样。这种不独立、不对等的爱情关系迟早会破裂。

（三）体察他人

成熟的人要具有对他人的敏感性，要知晓别人的需求、利益、观点和风格，从而尊重别人。没有这种体察，就不可能完全明白对方，就不能适当地关心对方和与对方有良好的沟通。这种情况在青春期的相恋者中尤其明显，因为青春期少男少女还基本未脱离"自我关注""自我中心"的不成熟阶段，难以做到体谅他人和谦虚忍让。

（四）关怀与尊重他人的能力

对于多数青少年来说，恋爱不过意味着得到某个人的安慰来满足自己的心理需要，并且常常带有本能的性动机。然而，爱实际上是需要奉献和牺牲的。如果没有关怀、照顾和尊重别人的能力，那么这种爱就无异于剥削他人的感情来满足自己的需求。

（五）要承诺责任并付诸行动

爱情需要对所爱者做出坚定的承诺，并且有能力去兑现承诺。爱情的承诺通常是一生一世的，爱情应当以婚姻为归宿。"我爱你，但不与你结婚"是靠不住的爱。爱情要经历时间、空间的严峻考验，要不断地克服挫折和困难。所以，爱不是口头的表示，而是行动的体现。没有足够的知识、智慧、意志力和信念是担负不起爱情责任的；勉强承诺了，也无法兑现。这就是为什么许多无承诺却宣称爱情而同居的青年男女大多经历了爱情夭折的痛苦。

二、成熟的爱是一个发展过程

尚未建立对爱的全面认识和严肃态度就迫不及待地寻找爱人，这种情况在青少年中是不应当鼓励的。父母应当劝导孩子在没有建立成熟的人格之前要广交朋友，参与同性和异性的群体活动，而不要急于陷入"一对一"的单独交往，以免造成被动局面。通过更为自然的、公开的接触，才能发

第六章 给青春一片蓝天

现和考察某一个人是否适合作为长久的伴侣。有时候,一见钟情也能使一男一女堕入爱河,但是真正的相爱和心灵的共鸣在大多数情况下都是在彼此了解的过程中逐渐产生的。所以,青少年中的两性之恋应被视为一种交往练习,从中学会把握分寸,不执着于主观的愿望,而要充分知晓双方共同的目标。

父母和老师应当如何对待孩子爱的培育和发展过程呢?在此讲述一个简单的故事,也许会有所启发。

某校初三的一个男生因父母离异而极度自卑,学习成绩很差,而且不遵守课堂纪律,不断受到老师的批评和同学的冷遇。眼看要考高中了,他内心十分茫然。情人节那天,他在礼品店转悠,见到许多同龄人在买情人卡,他也不由自主地买回一张。送给谁呢?别说情人,就连好朋友都找不到。想了半天,他决定把这张情人卡送给班里那位令他羡慕的女生,成绩优秀的学习委员。他在卡片上不经意地写了两句话:"我想与你做朋友,但愿你不会拒绝。"那个女生收到这张情人卡后,感到莫名其妙,就向母亲说了这件事。母亲这样回答女儿:"他处境不好,学习又很差,你作为班里的学习委员,难道没有责任帮助他吗?再说,人家就写了那两句话,很礼貌又没有非分之想,你为什么要拒绝同学的求助呢?"女儿觉得母亲很善解人意,就大胆地给那位男生回送了一张情人卡,也加上了几句话:"谢谢你对我的尊重。我

愿意成为你的朋友,但希望你从此能改变在班里的表现,提高学习成绩,让我们一道考上高中吧。"那个男生为此激动万分,立即回了封长信,倾诉了自己的苦衷,信的末尾这样表示:"是的,我在班里的表现和学习成绩曾经是最差的,但请你放心,从下学期开始,我要奋起直追。为了你,我要成为班里最优秀的男生!"女孩把回信又交给母亲看了,母亲很感动,不无赞赏地说:"女儿,明白了吗?异性同学之间的青春友情原本可以是一种非常积极的力量,激励对方,也提升自己,不是很好吗?"

然而,遗憾的是有太多的老师和父母,一提到少男少女的情或爱,就总是嗤之以鼻,妄加棒打。其结果是小"鸳鸯"不仅没打散,还造成了亲情敌对,师生关系紧张,孩子被迫转入"地下","险情"由此而生。为什么成年人不可以学习那位母亲的胸怀与智慧,用友情的教育去唤起青少年的良知与责任呢?

三、约会与性爱

少男少女以约会的形式进行单独交往,多半并不带有成为终身伴侣的目的,但也应当避免把这种约会当儿戏。令人遗憾的是,今天的青少年往往把约会当作一种及时行乐的方式,因而在约会中注重满足其性的欲望,力求获得性的刺激,或作为摆脱寂寞感、开心解闷儿的机会。于是,一方把

第六章 给青春一片蓝天

另一方当作使自己获得快乐的一个物件。从长远看,这既害了对方,也害了自己。

其实,青少年的约会过程应当成为增进同伴友谊、相互分忧解难和日益发展成熟的过程。那么,群体的聚会在这方面的功能就大大优于只与某个人约会。

少男少女的交往起初往往是没有目的的,彼此并无承诺感,只是觉得一起参加某些活动(如听音乐、做游戏)很愉快。只有当这种交往发展到一定程度后,彼此才会有一种稳定的陪伴关系。到了这个阶段,彼此的了解会加深,双方期待进一步发展友情。这是一个关键的阶段,有人开始幻想"永远不分离"。这种幻想是很自然的。但作为父母和老师,此时要非常自然而亲切地提醒孩子,让他们弄清楚这种幻想的根据是什么。是两个人外表的吸引力呢,还是走向成熟的人格魅力?是否彼此已经真正了解和接纳了对方的全部优缺点,两人的优缺点对今后的生活有何影响?有时候,少男少女交异性朋友是因为处于"心理断乳期"而渴望情感支持,潜意识中持续着青春发育初期的"恋父""恋母"情结,女孩往往寻求一个替代父亲,男孩寻求一个母亲似的异性伙伴。也有的少男少女交异性朋友不过是想摆脱寂寞孤单的感觉。这几种情况都与真正的恋爱择偶大不相干。

在爱与性的问题上,如今的青少年也有诸多困惑。这种困惑大部分来自对媒介提供不良信息的反应。太多的网站和报纸杂志、广播电视热衷于描绘与婚姻无关的性，而这些不合规范的性又总是蒙上一层爱的神秘面纱，于是，青少年很容易把爱情与性等同或混淆。父母应当告诉孩子，单纯的肉体关系不是爱。真正的爱当然也不是没有肉体关系的，但问题在于，如果我们把爱和自己的身体都当作十分宝贵的东西，是不会随便奉献出来的。爱不可能在肉体关系的试验中找到，是要付出决心、努力去创造的，它需要时间、耐心、智慧和意志力。父母和老师还要告诉孩子，直至爱情达到终身相许和永久的承诺之前，是不应当以肉体关系去尝试爱情或考验对方的。也就是说，肉体关系只能发生在两个人决心并且有能力和条件永远相伴的关系中。常见的情形是，当两个正在培育爱情的男女急于发生肉体关系时，爱就大大贬值并出现夭折的危险。一方或双方也许觉得，原来爱是如此轻而易举的东西，有什么值得珍惜呢？那么，轻率的性关系迅速走向破裂几乎就成为必然结局了。

　　就我国今天的中小学生男女交往性质、特点和结果而言，绝大多数还不具备建立终身伴侣关系的成熟性。但其交往又是他们社会化过程中不可缺少的环节。父母和老师不能认为孩子们应当等到找对象的阶段再去交异性朋友。相反，从充分的两性交往中获得友谊、增长见识、锻炼人格、走向成熟，同时缓解性的压力，然后再从异性挚友中去发展爱情，为爱与性的统一创造条件，那才是最自然又安全的。

四、"堕入爱河"是怎么回事

　　幼稚的青少年大多以为"堕入爱河"就是爱情。当一个男孩发现周围某一女孩外表上有吸引力，就情不自禁地想与她接近。如果女孩此时正好也处于同样的心境，那么两人便很容易"堕入爱河"。性欲冲动在这个过程中变得异常强烈。"我爱你""没有你，我简直活不下去""你是世界之最"等甜言蜜语会脱口而出，两人甚至信誓旦旦，"私许终身"。然而，少男少女此时大多并未弄清楚，"堕入爱河"的体验与真正的爱情并不是一回事。

　　"堕入爱河"其实是一种性兴奋的体验。它使人如痴如醉，以致可以把内心的烦恼、孤独之感暂时抛到九霄云外。"堕入爱河"的两人仿佛生活在一个只属于他们的孤岛上，又仿佛躲进了一个世外桃源。当两人"堕入爱河"时，个体界限就突然消失了，仿佛你就是我，我就是你，简直是"二心同体"，再没有不满足之感了。大多数人对此都是求之不得的，尤其是对那些平素缺少温暖关怀、不被家庭呵护和社会关系接纳的"边缘者"来说，更是如饥似渴地寻求"堕入爱河"的体验。

　　"堕入爱河"的体验通常是偶然或突然到来的，个人很难控制，因为这是一种起于性动机的"情潮"，而不是一种经过考虑而选择的行动。两人"堕入爱河"多半出于彼此

的即时需要,而很少是真正的关怀、信赖或相互包容的结果。年轻人不切实际地期待"堕入爱河"的体验会永远持续下去,但遗憾的是,这种体验毫无例外均是昙花一现的,"来得容易去得快"。所以,那些匆匆"堕入爱河"的人不是遭遇"呛水"的危险就是陷入"爱河"干涸的空虚,其结果都是心理上受到伤害。

当然,如果"堕入爱河"的双方能够适时地"上岸"思考,弄清彼此的爱究竟属于什么性质,爱的关系能否长久、稳定地发展下去,两人有无共同的人生目标,遇到挫折该怎么办等,那么"堕入爱河"便可能成为真正爱情的开端。这就涉及双方人格的成熟过程了。父母和老师需要对"堕入爱河"的孩子有特别的关切和具体的指导。

第四节　不摘"青苹果"

青春期少男少女的交往中,性的问题是不可回避的。青春期的性也有生理、心理和社会文化的层面。人们最关注的当然是青少年男女的性交关系,即生殖器官的接触,它可能带来怀孕生育的后果。如今,性传播疾病和艾滋病的蔓延趋势使青春期少男少女的性交关系更具风险性。

青少年对性交的态度和所采取的行为,与其说与生理因素有关,不如说与心理和社会文化因素的关系更密切。许多

调查者都发现,青少年的性关系常常是在某种特殊心理状态下、在非理性的交往中、在不良的家庭及社会环境影响下、在不健康的媒介信息刺激后发生的。达到同样生理发育程度的少男少女,其中谁发生了性关系,显然取决于心理与社会因素。一般来说,如果青少年能与家人保持密切而愉快的关系,而家庭的感情氛围又良好稳定,他们所成长的社区环境和结交的朋友们也对他们有良好影响,那么这样的青少年责任感和自律能力较好,发生性关系的危险会少些。

一、关于青少年的性表现方式

迄今为止,我国的主流文明仍然主张,异性之间的初次性交应在新婚之夜,这关系到男女个人的性健康和今后婚姻的幸福。那么,从十二、十三岁产生性欲望到二十多岁结婚这段漫长的"性待业"期,怎样才能更好地平抑随时都可能发生的性冲动呢?

第一,要学习必要的性知识,懂得性欲的产生是每个男孩女孩的自然生理现象,不必大惊小怪,男孩发生梦遗是正常的,不是病态。这就可以从精神上消除耻辱感、紧张感和恐惧感。

第二,要采取各种方法疏导性压力,如专注于学习求知活动,为达到理想的事业目标而刻苦读书,多参加体育锻炼和文娱活动,与家人亲密交往,和同龄伙伴群体在一起度过

闲暇时光。

第三，异性学生在一起相互交往，正如前面所说，并非都是谈恋爱。各种类型的交往都在一定程度上满足着青春期男女接触异性的兴趣。男女在一起散步、谈话、娱乐，都有助于"安全放电"。

第四，有的青少年男女交往时间久了，彼此有一定感情，有时抑制不住内心的激情或冲动，偶然发生拥抱、接吻或其他身体接触的行为，只要不是性交行为，不产生什么有害的后果，即使成年人有所察觉，也不要大惊小怪，不要去强化这种行为的道德含义，而视为一种冲动之举就够了。青少年本身也不必为此过于内疚或不安，但要注意增强自控和调适能力，把握自己，尽量不要发生频繁的身体接触，以免加剧冲动而不能自控。更不要以为这就是爱情，甚至由此许下终身。须知，因性冲动而驱使的身体接触与爱情和婚姻的承诺还有很长一段距离的。我们看到，在某些特定的情况下（如看了互联网上或戏剧、电影中富于刺激性的片断之后），有的人性冲动过于强烈，渴望及时进行性宣泄，因而采取手淫（自慰）的方法。根据最近的科学研究结果，手淫并无特别的害处，它可以防止性乱交和性攻击行为。当然，手淫成癖是不好的，它会影响身体健康，使人不能专心学习，对各种有益的活动失去兴趣，甚至精神不振、人际关系冷淡等。前面提到的我国著名医学家吴阶平教授的话应成为父母

对待孩子手淫的科学态度。

二、青少年性交行为的后果

对大多数现代青少年来说，对付青春期的性压力的确是个难题。

有的人在整个青春期都陷入精神不振的状态，有的人则只有短暂的不适。青春期的性失误可能使某些人一辈子都摆脱不了由此而留下的后患。据国内外社会学家的调查，许多年轻人后来走上吸毒、酗酒、自暴自弃，甚至卖淫嫖娼等越轨的道路，可能与他们青春期性失误的经历有关系。因此，性失误是特别值得警惕的。

一般说来，青春期少男少女发生性关系既非真正的爱情使然，更与未来的婚姻不相干，而是在迷茫无知中听任性欲本能驱使的一种盲目行为。科学研究和大量的实际例子都证明了青春期性交行为的有害后果。

第一，青春期性交行为妨害身心健康。青少年的首次性交经历一般是在无知、好奇、紧张、负疚、恐惧、压抑等一系列复杂的心情伴随下发生的。这种"偷尝禁果"的不正常心理留下的心理暗示可能导致后来的性紧张、性压抑、性冷淡、性反应能力降低或阳痿、早泄。这又是婚姻中影响夫妻性生活调适的障碍。

第二，过早的性交行为对青少年的人格发展不利。因为

少男少女在心理和性格上毕竟不够成熟，缺乏责任意识和自制能力，一旦打开性的闸门，就难以自制，导致性乱交、性攻击或其他性异常行为，打乱了他们人格发展的正常规律。

第三，青少年性交活动容易造成少女怀孕、堕胎，这给当事者双方都带来心理创伤，女孩则要承受身体和名誉上的更大损失。比较保守的一对可能因此而匆匆地走上恋爱婚姻之路，提前把生米做成了熟饭，造成"作茧自缚"，再也无法从容地选择配偶，今后的懊悔是很难避免的。比较开放的男女则对自己的行为不以为意，认为及时行乐，满足生理需要；有的一错再错，放荡不羁，毁坏了宝贵的人生。

三、社会对青少年性交行为的态度

任何文明社会都有一定的性道德规范，用以保障正常的两性关系和良好的社会秩序。就像规定多大年龄的孩子才能驾驶汽车出门，多大年龄才能参加公民投票，哪些电影是"儿童不宜"等限制一样，对于男女的性交行为，也是有道德规范和法律准则的。在我国现阶段，青春期少男少女在交往中发生性关系是家庭和社会都反对的，社会对于恋爱中的男女在结婚前发生性交行为也是不赞成的。与未成年的少男少女发生性关系的成年人还要受法律的追究，诱使少女卖淫，对少男少女的性骚扰等均构成犯罪。这类犯罪现象在我国城乡社会都时有所闻。

第六章 给青春一片蓝天

当然,家庭、学校和社会不赞成少男少女的性交关系,更重要的是出于对青少年健康的关怀。近年来,在我国城乡社会中,少女意外怀孕、堕胎甚至"孩子生孩子"的现象增加,已引起社会各方面的忧虑。而性病、艾滋病在中国开始蔓延,更使人们有理由告诫青少年要洁身自好、自我克制。此外,教师和父母应当把必要的避孕知识教授给已达到性成熟和性活跃期的青少年,但教授的方式方法是有讲究的。根据北京、上海一批教育者的经验,在讲解"生命的孕育和诞生"的知识时,以成人的计划生育为背景去传达避孕信息,学生接受起来比较自然。这在第一章"三道防火墙"中已经谈到。

第七章
男女平等不是口号

男性和女性的生理差异源于生物遗传基因,从精子、卵子结合的瞬间就决定了,谁也无法选择。但是,男孩和女孩在成长过程中和成年之后所具有的性别心理、性别观念、性别智力、性别角色表现,究竟与生理差异的关系有多大,又与社会文化环境及家庭、学校、社会的教育影响有多大,却是学术界长期争论的话题。总的说来,人们倾向于认为,两性在心理品质、情感表达和智力发挥方面的差异既与生物因素有关,又与后天的成长环境和学习过程有关;而性别观念、角色行为和平等意识则是文化教育影响的结果。如今,妇女解放和男女平等代表着人类先进生产方式和先进文化的必然要求,我国已把男女平等定为国策,并立法加以保障。因此,少男少女接受性别平等的教育,对他们将来恋爱择偶、建立家庭和适应社会生活都是有好处的。

解读青春密码

第一节 女孩比男孩笨吗

人们很容易观察出来，男孩、女孩进入青春期之后，心理与智力的不同变化趋势影响到他们的某些行为特征。

一、男孩和女孩兴趣偏好不同

据教育心理学家朱智贤的研究，男孩进入中学后明显爱好理工科的学习，女孩则爱好文科的学习；在课外活动方面，女孩多半对小说、电影、戏剧、音乐、舞蹈等更感兴趣，而男孩对科技、政治、国际交往、体育竞赛等更感兴趣。美国生物学家莫内甚至做过试验，证明雌、雄性激素确实对性别心理和行为有影响。

二、成就动机有差异

心理学家弗里兹等的研究认为，女性的成就动机容易被外在因素激发（如赞赏和奖励），女性也容易把成功归于外因（如运气好），把失败归于内因。而男性相反，往往把成功归于内因，失败归于外因。所以，男性成就动机较高。

三、社会情感和意志品质

社会情感是人的情感主导方向，包括道德感、理智感、

审美感等。研究表明，因女孩比男孩成熟早，在各个年龄阶段，女孩对自身形象的关注程度都高于男孩，表现出比男孩有更深刻的人生思考。在善解人意、同情和帮助别人、关心集体等方面，女孩的自觉性和热情都明显高于男孩。所以，中小学生干部中总是女生多于男生。

在意志品质方面，男女各有优劣。男孩大多性格较刚强、不拘小节、好动、好问，但又有冒失、任性、粗心、缺乏耐心等缺点。女孩有勤奋、认真、负责、踏实等优点，但又有胆小、优柔寡断、保守等缺点。

四、男孩和女孩的智力差异

研究表明，男女的智商是总体平衡的，因此，"女孩比男孩笨"的说法没有科学根据，但在智力分布上男女有所差异。例如，在感知能力上，女性优于男性；在专注力方面，男性优于女性；在记忆力方面，男性的理解记忆和抽象记忆能力较强，女性的机械记忆和形象记忆较好，短暂记忆也优于男性；在思维发展方面，男女差异也较明显，男性倾向于抽象思维与逻辑推理，女性倾向于形象思维。此外，男女智力发展的年龄先后有所不同。从幼儿到初中阶段，女孩智力一般优于男孩；在高中阶段，男孩智力赶上来并有超过女孩的趋势；但在青春期结束后，女孩智力回升，两性差异减弱。

第二节　为何高中女生成绩下降

尽管生物学家作过关于性激素种类对大脑功能的成熟化、特长化、优势化方面有所影响的论证,但社会行为科学家仍坚信,两性智力、心理和角色差异是后天的社会文化使然,如果说其中也有生物因素影响的话,那就是生物因素有助于形成和扩大对两性不同的社会文化要求,并使男女本身易于接受这种要求。

一、部分高中女孩学习成绩下降的原因

心理学家认为,女孩从小学到初中一般学习成绩都比男孩好,这是因为女孩各方面的能力成熟均早于男孩;而到高中阶段,学科门类增多,对思维上的要求提高,男孩的成熟性赶上来,其优势得以发挥;加之女孩性意识萌动较早,过分关注自我,在学习上容易分心。此外,进入高中以后,社会文化中的性别角色偏见与压力也更多地影响到男孩和女孩的进取心。女孩出现的心理矛盾较多:是追求事业,还是走传统女性的生活道路。此时,老师和父母的指导就显得特别重要。而男孩的角色取向冲突就没有女孩那样复杂。

第七章　男女平等不是口号

二、智力发展的性别分布引起的误解

人们从部分高中女生成绩赶不上男生的现象联想到世界上的名人、伟人、科学家、诺贝尔奖获得者都是男多于女的情形，就得出"女不如男"的看法。这种看法很容易被女生接受，形成心理暗示，使她们产生自卑感，压抑学习热情和主观能动性。情绪压抑和心理矛盾的女孩容易放弃进取的努力，就真的变得"不如男孩"。这种消极的交互作用是十分明显和有害的。上海某中学曾对初三和高一、高二的学生做过调查，发现越到高年级，女孩越不自信，男孩就越有偏见。这种心理因素成为高中男女生学习竞争中的不利条件。不过，近年来情形又有所改变：就业竞争中女性受排斥的现象比较普遍，使女生在压力下不得不更加努力去获取更高的文凭，男生反而可以放松，所以高中和大学女生的成绩优势在上升。这种情况也是男女不平等的社会环境使然。

第三节　性别教育要与时俱进

一、必须澄清对男女智商的误解

国内外科学家对不同年龄的男孩女孩所做的智商测定均表明，男女总体智商几乎没有差异，只是最高和最低智商的

人，在男性中略多见，大约各占3%，这是一个很小的比例，可以忽略不计。

男女在智商发展上的差异指的是发展早晚不同，智力分布不同，智力特色不同。从现代各项事业对智力的要求来看，男女各有优势，如果把情商也作为智慧的一部分来看的话，女性的优势更突出。

二、家庭和学校教育都要促进男女平等

生理性别的社会文化塑造是造成两性之间差别和不平等的根本原因。社会通过一整套制度规范、文化习俗、价值观念，对两性实行区别对待，由此而形成的差别要远远大于先天的生理性别差异。也就是说，那些被视为当然的两性社会差异表面上看像是生理性别造成的，实际上是社会机制作用的结果。对两性做出优劣化的价值判断，以此为基点，强制性地认定两性的不同，并将这些不同扩展到社会生活的各个方面。在此作用下，人们通常以性别来决定不同的劳动分工、工作待遇和行为方式，男性总是能够比女性获得更多的机会、利益和权力，女性总是处于第二性的地位，受社会文化的歧视。正因为如此，女性不能充分展示自己的价值和潜能，造成了女性成就动机较低和智力成就总体上不如男性的现象。

因此，现在的家庭教育和学校教育应当彻底摒弃男尊女

第七章 男女平等不是口号

卑的观念，打破对性别认识的愚昧，让孩子以科学的态度去认识自己的性别优势和劣势，悦纳自己，尊重异性。

家庭是孩子性别教化的首要场所。父母对孩子的性别期待、态度、指引、暗示等给幼小孩子的性别意识和观念留下了今后难以改变的印记。父亲和母亲的关系和角色示范进一步为孩子接受某种性别文化及性别角色模式提供了现实根据。孩子的性别平等或不平等观念，首先是通过父母言传身教进行代际传授的。父母必须自觉地意识到这一点。

学校是传授性别平等观念和实践男女平等的正规场所。在这里，老师对男生、女生的态度，言谈举止之中流露的性别意识，赏罚措施中的性别偏向以及老师自身的性别文化与角色展示，男女老师之间的关系和相互评价，都在对学生进行潜移默化的影响，更不用说历史、语文、英语等课程内容及其讲授中关于性别观念与性别价值的偏颇与否都成为孩子性别教化的重要内容。

如今大众媒体充斥着不科学、不真实、不准确甚至不健康的性别文化与观念的不良示范，与男女平等的目标背道而驰。媒体传播着自相矛盾的性别期待，例如，有的片面宣传成功的"女强人"，作为职业女性的效法榜样；与此同时，又竭力夸大女性外在美的重要性，把女性工具化、商品化，甚至妖魔化，抹杀女性内在美的价值，辅之以女性就业面试中的外表苛求，使年轻女性产生复杂的心理冲突。有些少女

已开始接受整容手术,损害自然美和健康。遗憾的是,这个问题并未引起社会公众的足够重视。

孩子成年后,性别教化仍在继续,其结果已明显反映在他们的思想言行之中,他们将通过婚姻生活及社会活动去向周围的人传播自己所受到的性别教化结果。这就是延续几千年的男尊女卑性别文化世代承袭而难以改变的原因。

第八章
青春路上有险情

　　青春期成长中的少男少女好像挂在枝头的"青苹果",它充满了生命的活力,展现出清纯与美丽,但它们也可能遭遇严寒与风雨,还有病虫害的袭击。

　　成年人有责任去呵护尚属稚嫩的青少年,更有责任教导他们保护自己。

解读青春密码

第一节 警惕"黄毒"污染

近年来,在社会上流传着许多非法出版的淫秽书刊和色情光盘,加上网络游戏及网站中的暴力淫乱内容,对青少年构成了严重危害。因为青少年对性怀着本能的好奇心、神秘感,又缺少辨别真假是非和控制行为举止的能力,很容易在黄色诱惑下去亲身模仿、尝试、体验某些不合其年龄和身份的行为,甚至涉足犯罪行为。事实上,在未成年人的性越轨、性犯罪、酗酒、吸毒及暴力伤害的案件中,媒体信息是不可忽视的因素。山西一个"高考状元"竟在走出黄色网吧之后强奸一个花季少女并致其死亡,最终自己锒铛入狱。大学生的自控能力尚且如此,那么中小学生呢?危险是可想而知的。

1985年,国务院颁布了严格查禁淫秽物品的规定,《中华人民共和国刑法》中也有关于制作、传播和兜售淫秽物品行为的治罪条款。近年来,公安部门大力查禁色情网吧,并对通过网站传播和接收淫秽信息的人进行惩处,还将通过人民代表大会制定有关的法规。其最根本的目的是净化媒体环境,保护青少年不受侵害,并维护社会的文明秩序和道德风尚。

父母和老师应当把黄毒的危害详尽地讲给孩子听,并通过具体事例来说服孩子与黄色网站和书刊绝缘。对初中以下

缺乏自制力的孩子，父母必须作强制性规定，不许孩子接触色情网站和暴力光盘，学校也应有严格的校规，保护未成年人的合法权益。

第二节　防范性侵害

近年来，青少年遭遇性侵害的情况已引起社会各界的关注。经反复讨论，性侵害作为违法行为，已被写入《中华人民共和国妇女权益保障法》等相关法规之中。

性侵害是指一方在对方非自愿或不能自主的情形下，表现出使对方遭受性羞辱和性伤害的言行举止，从性挑逗的语言、姿势、身体触碰、强行拥吻、出示色情图片或影视镜头，直到通过引诱、欺骗或暴力手段与对方发生性交关系。性侵害的主要对象是未成年人，受害者以女性居多，但是男孩也可能遭受性侵害。性侵害可能是面对面发生的，也可能通过电话、书信、电子邮件或网络聊天发生。因此，帮助孩子知晓有关性侵害的信息，学习保护自己的常识和必要技巧是孩子生活技能教育和社会适应能力培养不可缺少的内容。

一、预防性侵害

在坏人实施性侵害的企图与行动中，少女少男是"弱势群体"。他们幼稚、善良、羞涩、轻信，使性侵犯者更容

易把魔爪伸向他们，尤其是女孩。作为老师和父母，应当根据已有的社会事实和经验，及早向孩子传达信息和提出要求，并且要反复强调这些要求。

（1）保持高度警惕性，如果遇到陌生人对孩子表现出异乎寻常的殷勤，无缘无故送孩子东西，约孩子单独见面或约孩子外出游乐，都是不可接受的。

（2）穿着打扮要符合孩子的身份，不穿过于紧、透、露的衣裤；发型、装饰以及坐立行走姿势要大方得体，不给坏人以非分之想或可乘之机。

（3）不去色情网吧、营业性歌舞厅等不适合青少年出入的场所；不与"网聊"的陌生人约会；晚饭后不要单独出门，不去单身者的宿舍，更不要随便在别人家过夜；不看色情书刊或影视光盘；不搭乘陌生人的车。

（4）除上学之外，孩子单独外出必须告诉父母去处、待多长时间以及联系方式。不要随便向陌生人透露自己的家庭情况和住址。

（5）不接受陌生人送的饮料、食品、烟酒等物，不轻信广告、手机短信或电子邮件中那些"天上掉馅饼"的信息，以免上当。

二、对付性骚扰

父母要不断告诫孩子，如果在学校遇到来自同学或老师

的性骚扰,除自己要义正辞严地拒绝、反抗之外,回家要立即告诉父母,让父母出面找学校领导及时"排除险情"。

父母还要教会孩子,如果在公共场所遇到坏人骚扰,要大声训斥,用声音和表情镇住对方,让对方心虚而退却。如骚扰者继续纠缠,则要向周围人呼救,或跑向人多的地方,或向军人、警察求助,要有勇气与坏人斗争。

父母必须让孩子知道,如面临意外、无力抗争时,要见机行事,动脑筋想出机智的办法摆脱骚扰,使自己不受伤害。事情过后,要告诉父母,并总结经验教训,必要时应报告公安部门。

有的孩子对性骚扰难于坚决抵制,态度不够明朗,性骚扰者往往会将此看成乐于接受的表现。也有的孩子存在侥幸心理,认为下次也许就不会发生了。实际上,性骚扰者往往会得寸进尺,贪得无厌。所以,不要抱有幻想,对性侵犯要坚决予以反击,否则后患无穷。每位父母切记要不断教导孩子在任何情况下保护好自己。

三、假若遭遇性强暴

在性侵害的各种形式中,最严重的就是强奸,也称性强暴。无论坏人得逞还是未遂,都会给当事者带来严重的身心伤害。

首先,受害者是无辜的,不应产生自责心理。老师和父母知情后也绝对不应对孩子加以指责或羞辱。其次，要明白强暴是违法犯罪行为，因此要尽快向当地公安部门报案，说明事件发生的时间、地点及所能记住的罪犯的一切特征，趁罪犯尚未远逃而为公安部门破案争取时间。有的女孩遭遇强暴后不吭声，赶快回家洗澡更衣，这样不妥，因为罪犯在受害者身上留下的体液、毛发等是最直接的证据。

事情过后，要在父母或挚友的陪同下，去医院做必要的检查，一是为了查出有无受伤或怀孕，以便及时进行医学处理；二是为了进一步取得证据，以惩治罪犯。

此外，受害者的心理救治也很重要。遭遇强暴是一种令人恐怖的经历。受害者可能产生羞辱、害怕、焦虑、愤怒、悲伤等不良心理。这是人在特殊遭遇下的"应激"反应状态。这时，来自亲人、朋友、老师的宽慰、关爱、理解、同情等心理支持是必要的。如果亲属朋友的帮助仍不能解决受害者严重的心理困扰，就需要求助于专业的心理咨询或心理治疗，以尽快减轻心理压力，恢复正常学习和生活的热情。

在遭遇性强暴后，最不可取的态度是默默忍受，使自己身心伤害加剧，并使罪犯逍遥法外。那样做等于纵容罪犯伤害更多的无辜者。所以，为了对自己和对社会负责，受害者及其父母应当奋起与强暴者斗争。

第九章
珍重生命

　　一个人的生命在世界上只有一次。创造生命的过程是伟大而奇妙的,青春期的少男少女应该知道生命意味着什么。创造了孩子生命的父母更应该引导孩子远离一切可能伤害孩子的危险,使孩子一生平安。

解读青春密码

第一节 生命杀手艾滋病

《"健康中国2030"规划纲要》指出,将健康教育纳入国民教育体系,把健康教育作为所有教育阶段素质教育的重要内容。以中小学为重点,建立学校健康教育推进机制。

"进行关于艾滋病及性病防治知识的健康教育是预防艾滋病及性病最好的疫苗。"这是人们与艾滋病及性病多年斗争中总结出的经验。尤其是艾滋病,既然无法治愈,那么预防就显得极其重要。把预防艾滋病及性病的相关知识告诉孩子们,使他们头脑中有一个明确的概念:什么是该做的,什么是不该做的,什么是可怕的,什么是要坦然面对的,等等。今天的中小学生将陆续长大成人,将会参加各种社会活动,如果他们能通过预防艾滋病及性病的教育,永远远离艾滋病、性病的侵害,这无论对他们本人,还是对其家庭和我们的社会都是非常有益的。

一、什么是艾滋病

艾滋病的医学全称叫"获得性免疫缺陷综合征"(Acquired Immune Deficiency Syndrome),英文缩写为 AIDS。"艾滋",即为这一缩写的音译。引起艾滋病的病原体是"人类免疫缺陷病毒"(Human Immunodeficiency Virus),

英文缩写为 HIV。

艾滋病是以破坏人体免疫系统导致其全面崩溃为特征的致死性传染病。艾滋病病毒进入人体后，会感染并破坏人体免疫系统中的重要免疫细胞——T 细胞，使 T 细胞数量大幅下降，免疫系统瘫痪，患者无力抵抗病毒感染和某些癌症的侵袭。由于目前还没有治愈艾滋病的有效药物，因此，艾滋病患者绝大多数会在发病后两年左右死亡。

二、艾滋病是怎样传染的

由于艾滋病病毒主要存在于人的血液、精液、阴道分泌物和乳汁中，所以任何能使这些体液进入其他人身体里的行为都有可能导致感染。

在正常情况下，人的皮肤和黏膜是一种天然屏障，但是，这个屏障有时会有破损，如切伤、擦伤、生疮、溃疡等，这时如果接触了艾滋病患者或艾滋病病毒感染者的体液，就很容易感染上艾滋病病毒。

艾滋病主要传播途径有以下几种。

（一）性传播

存在于精液、阴道分泌物、月经血中的艾滋病病毒，可在性交时通过生殖器黏膜进入另一个人的体内导致感染。

（二）血液传播

（1）静脉注射毒品的人群共用注射器。

（2）输入含有艾滋病病毒的血液制品或移植含有艾滋病病毒的器官。

（3）使用被艾滋病病毒感染而又未经消毒的医疗器械、理发工具、文身工具、穿耳洞器具等。

（4）其他可能引起血液传播的途径，如理发、美容、文身、扎耳洞、修脚，与其他人共用刮脸刀、牙刷等。

（三）母婴传播

已被艾滋病病毒感染的妇女可能在怀孕期、分娩时、分娩后、哺乳时将艾滋病病毒传给胎儿或新生儿。

研究证明，一般性的日常生活接触不会感染艾滋病病毒。这些日常生活接触包括咳嗽、打喷嚏，与艾滋病患者或艾滋病病毒感染者握手、拥抱、礼节性接吻、一起游泳、一同进食，共用饮具、餐具、浴盆、浴池、电话机等，甚至接触到艾滋病病毒感染者和艾滋病患者的泪水、唾液、汗液、尿液、粪便等，只要其中不混有血液或炎性渗出物，也不会造成艾滋病病毒的感染。在学校、工作地点或其他公共场所与艾滋病病毒感染者的接触也不会感染。因此，与艾滋病患者或艾滋病病毒感染者在一起工作、学习是安全的。

对于蚊虫叮咬能否传播艾滋病的问题，可以肯定地做出回答：不能。迄今世界上无一例蚊子传播艾滋病的病例。

三、艾滋病患者和艾滋病病毒感染者

艾滋病患者和艾滋病病毒感染者是有区别的。艾滋病病毒一进入人体,人的免疫系统就会同它作斗争。病毒在人体内的繁殖需要一定的时间,对免疫系统的破坏也是一个渐进的过程。人的免疫系统在病毒刚侵入时还不会受到严重破坏,其功能也不会受到严重影响,因而不会出现什么症状(有的可在受到艾滋病病毒感染后 2～4 周内出现一些类似感冒的症状),这样的人被称为"艾滋病病毒感染者"。

随着艾滋病病毒在体内的繁殖,对免疫系统的破坏力会与日俱增。当艾滋病病毒感染者的免疫功能被破坏到一定程度时,一些病毒、细菌就会乘虚而入,使人发生严重的腹泻、肺炎以及其他一些严重的感染性疾病、肿瘤等多种病症。这时,感染者就发展成艾滋病患者了。

已受艾滋病病毒感染而无症状的人也能传播病毒。那些貌似健康的带毒者,在传播艾滋病病毒中扮演着活跃的角色。他们可能长期不知道自己感染了艾滋病病毒,因而不知不觉地殃害别人。

从受艾滋病病毒感染到发展成为艾滋病患者这段时间,称为潜伏期,这一时期长的可达 10 年以上,短的也有 1～2 年。潜伏期的长短受进入体内病毒数量的多少、感染者体质状况、感染后的生活质量、医疗条件等诸多因素的影响。

四、艾滋病的危害

艾滋病是一个社会问题，社会中的每个成员都有可能成为艾滋病流行的直接或间接受害者。其危害有以下几方面。

（一）对个人的影响

感染者一旦知道自己感染了艾滋病病毒，会产生巨大的心理压力；当发展成为艾滋病患者时，健康状况迅速恶化，身体要承受巨大的痛苦，最终丧失生命。

（二）对家庭的影响

由于艾滋病主要侵害那些年富力强的20～45岁的成年人，而这些人又是家庭经济的支撑者，因病无法工作，还要支付高额的医疗费用，会使家庭经济状况很快恶化。艾滋病患者和艾滋病病毒感染者的家庭成员心理负担沉重，求医代价高昂，往往导致家庭危机甚至破裂。

（三）对社会的影响

当艾滋病病毒感染者发展为艾滋病患者后，一般会在短短几个月至两年内死亡。而被艾滋病侵害的大多数是壮年人，是社会任务的承担者，艾滋病的蔓延必然对社会经济带来巨大损失。艾滋病会降低人类平均预期寿命，给人类健康带来严重威胁。

五、艾滋病的预防

科学研究和实践证明，艾滋病是完全可以预防的。对个人来说，在掌握有关艾滋病知识的基础上，要做到以下几方面。

（一）预防性交感染艾滋病

近年来，国外一些专家在总结了预防性病和艾滋病经验的基础上，提出了预防性病、艾滋病的"ABC"原则。

这里说的"A"是英文"禁欲"（Abstinence）的第一个字母。也就是说，如果人不进行性活动，感染性病、艾滋病的危险就会大大减低，甚至降到零。这一点是很难让大多数成年人做到的，但对青少年特别是对中学生来说，是完全可以并且应该做到的。

"B"是英文"要忠诚"（Be faithful）的第一个字母，意思是要遵守性道德，洁身自好，保持专一的性伴侣。伴侣双方要相互忠诚。多性伴侣者十分危险。

如果无法做到"A""B"这两点，"C"（避孕套的英文单词 Condom 的第一个字母）便是退而求其次的办法。正确使用避孕套可在一定程度上减少感染性病、艾滋病的危险。在不明确对方是否感染艾滋病病毒的情况下，应坚持正确使用质量可靠的避孕套。

（二）预防经血液传播艾滋病

（1）需要输血时，要求使用经艾滋病病毒抗体检验合格的血液及血制品。

（2）使用一次性或经严格消毒的注射器。

（3）不去无行医执照的医疗单位和个人诊所注射、输液、扎耳洞、文身、拔牙等。

（4）不用未经严格消毒的器具扎耳洞、文身、美容，不与他人共用剃须刀和牙刷。

（5）切不可染上使用毒品的恶习，更不能与他人共用注射器静脉注射毒品。

另外，虽然我们知道，与艾滋病病毒感染者的一般生活接触不会传染艾滋病病毒，但如果在家庭、学校或工作场所中碰到一些意外情况，如出血等，需要知道如何正确处置，绝对不要让自己的皮肤接触他人的血液。

（6）对沾有血液的物品可以采取以下的消毒办法：

1）焚烧，如纸类、经期卫生用品等。

2）用消毒剂清洗（最好使用含氯消毒剂，如漂白粉或家用漂白消毒剂稀释），尤其适用于对地面、桌面等的清洗。

3）对衣物等布类物品的处理，要放在防渗漏的口袋中运送，用开水和洗涤剂单独清洗半小时以上。

(三) 预防经母婴传播艾滋病

(1) 有感染艾滋病病毒疑问的妇女在怀孕前或怀孕期应考虑做艾滋病病毒抗体检测。

(2) 感染艾滋病病毒的妇女要尽量避免怀孕和哺乳。

六、应该怎样对待艾滋病患者和艾滋病病毒感染者

艾滋病病毒感染者或艾滋病患者是疾病的受害者，大多是无辜的。一方面，社会的歧视和排斥使他们觉得更加孤立无援，甚至失去继续生存的勇气，这不利于患者的治疗。另一方面，艾滋病病毒感染者或艾滋病患者在被家人、朋友和社会抛弃的情况下，可能自暴自弃，甚至有人报复社会，这对于预防和控制艾滋病是极其不利的。此外，社会的歧视还会导致一些事实上感染病毒的人不敢去医院检查和求治，一来贻误自己，二来殃害更多的人。所以说，关爱艾滋病病毒感染者和患者就是关爱自己和关爱社会。现在，我国已经在法律上明确规定，禁止歧视和排斥艾滋病病毒携带者和患者，维护他们正当的工作与生活权利。

1991年，"视觉艾滋病"组织用红丝带来悼念身边死于艾滋病的同伴。从此，红丝带就成为理解与关爱艾滋病病毒携带者和患者的标志。

每年12月1日这一天为"世界艾滋病宣传活动日"，

解读青春密码

是全世界人民同艾滋病做斗争的统一行动日。它意味着要让全世界知道，艾滋病是能够被控制和预防的，并教育人们对艾滋病患者要同情、理解和关怀，以促进全人类和平、健康和发展。

七、性传播疾病

（一）什么是性传播疾病

性传播疾病主要是指通过性接触及其相关渠道传染的疾病。目前，被列入性传播疾病的疾病已达20多种。在我国流行的主要性病为淋病、梅毒、尖锐湿疣、生殖器疱疹、非淋菌性尿道（宫颈）炎、软下疳、性病性淋巴肉芽肿和艾滋病。这8种性病具有极强的传染性，被列为重点防治对象。性病的症状多种多样，但大多有生殖器部位的瘙痒、红肿、疼痛、分泌物的增多及异味等症状和体征。

目前，世界上绝大多数国家性传播疾病的发病率都呈上升趋势，其原因主要与以下因素有关：

（1）性生活年龄提前，有性行为的人口基数大。

（2）婚姻观念和性道德观念的改变，非婚同居现象增多。

（3）流动人口增加，嫖娼卖淫难以禁止。

（4）避孕方法的普及减少了对性行为后果的顾虑，因而婚前与婚外的性关系难以控制。

（二）性病的传播途径

（1）性行为或皮肤接触传播。这是主要的传播方式，占性病患者的95%～98%。

（2）通过接触被患者分泌物污染的衣服、被褥和器具，包括水杯、浴盆、便器、浴池也可传播性病，这就是一人得病可能导致全家患病的原因。

（3）血液和血液制品传播。梅毒、乙肝、淋病、艾滋病等均可通过血液传播。

（4）围产期母婴传播。感染性病的母亲可经宫内、分娩和产后感染胎儿或婴儿。

（5）医源性传播。医疗器具污染或消毒不严可造成感染。

（三）性病的预防

一般性病虽不像艾滋病有致死之危，但对人类健康威胁很大。梅毒到了末期也会导致死亡。生殖器疱疹具有潜在致癌因素。性病患者也更易感染艾滋病。所以，预防和控制性传播疾病的任务也十分紧迫。

性病虽然种类较多，但它们的共同之处就是通过性接触传染，因此，预防艾滋病的"ABC"原则对预防性病同样有效。

另外，日常生活中不要使用未经严格消毒的公用坐式马桶及浴盆、浴巾等。万一不慎染上性病，要及时到国家认可

的正规医院接受治疗,并保证全程足量用药,以便尽快治愈。切不可为保"名誉"而求治于非法医疗诊所。

另外,在性病未治愈前,应注意家庭中的隔离。

八、通过多种渠道对青少年进行预防性病和艾滋病的教育

在预防性病、艾滋病教育方面,学校是主渠道、主阵地,除开设专门课程外,还要运用主题班(队、团)会、征文比赛、文艺汇演(自编自演)、辩论会、广播讲座等形式和活动,将预防艾滋病、性病知识渗透到语文、数学、科学、英语、思想品德、体育等各门课程中,这也是行之有效的教育途径。同时,学校、家庭及社会要结合起来,特别是学校和家庭更要密切配合。可通过"给父母的一封信"、家长会等进行辅助教育。

预防艾滋病、性病教育同生活技能等教育相结合已被证明是更为根本和行之有效的办法。

所谓生活技能教育,广义上讲,就是培养青少年自身正确处理日常事务的积极行为能力。

生活技能主要包括以下三方面的内容:

(1)社会和人际交往的技能(包括交流、拒绝技巧、决断和"同理心")。

(2)认知技能(包括做决定的能力、批判性思维以及

自我评价)。

(3) 处理情绪的技能(包括调节压力和自我控制)。

生活技能教育就是通过各种教育活动,提高青少年的心理素质和适应社会生活的能力,帮助他们正确认识自己、他人和周围环境,充分发挥个人潜能,适当地调整自己的行为,建立健康的生活方式,以达到最佳的发展和良好的社会适应状态,从而预防问题行为的发生,确保健康的身心和健全的人格。

第二节 毒品毁灭青春

毒品损害健康,毁灭青春,甚至殃及生命,对个人、家庭、社会的危害是巨大的。青少年正处于生理发育和心理发展的重要时期,心理防线薄弱,好奇心强,判断是非能力差,容易成为毒品侵袭的对象。据有关部门调查,在我国的吸毒者中,35岁以下的青少年占80%以上。而且,近年来中小学生群体吸毒现象有所增加。特别是随着"摇头丸"的出现,青少年吸毒人数有进一步上升的趋势,吸毒年龄也更加"低龄化",确实令人担忧。

一、什么是毒品

1990年12月8日,第七届全国人民代表大会常务委员

解读青春密码

会第十七次会议通过的《全国人大常委会关于禁毒的决定》中明确规定,毒品是指鸦片、海洛因、吗啡、大麻、可卡因以及国务院规定管制的其他能使人成瘾的麻醉药品和精神药品。

二、毒品的种类

根据毒品对中枢神经系统的不同作用效应,一般可将毒品分为镇静类、兴奋类和致幻类(使人产生幻觉、妄想等异常精神活动)。另外,还可根据不同的加工方法,将毒品分为从植物中直接提取和加工而成的(如海洛因、可卡因、吗啡、鸦片、大麻等)和人工合成的毒品(如冰毒、摇头丸)两大类。

三、毒品的危害

毒品最大的危害在于它的成瘾性。世界卫生组织专家委员会对"药物成瘾"一词的解释是:由于反复使用某种药物(天然或合成)所引起的一种周期性或慢性中毒状态。药物成瘾具体有以下特征。

(1)有一种不可抗拒的力量,驱使人们连续使用并且不择手段地获取。

(2)成瘾过程悄然在体内发生,个人的知识、理智、意志力都难以抗拒。

（3）从精神依赖到身体依赖，彻底戒断可能性很小。

毒品的危害是巨大的，归纳起来，大致有以下三个方面。

（一）对个人的危害

吸毒者毒瘾日增，中毒程度越来越深，身心健康被摧毁，一步一步逼近死亡，有的因过量吸毒而直接死亡，有的因呼吸系统、循环系统、消化系统或神经系统并发症而死亡，有的感染艾滋病死亡。

吸毒者的生殖系统也会受到损害，他们不但难以生育，女性怀孕后胎儿也很难正常发育，畸胎率很高。吸毒孕妇常常早产，其中很大一部分新生儿生下来就有毒瘾，成了"海洛因儿童"。孕妇在孕期吸食大麻，其孩子患罕见的幼儿白血病的机会高于普通婴儿10倍，患癌症的概率是其他儿童的2～5倍。

有资料表明，吸毒者的平均寿命较一般人短10～15年。25%吸毒成瘾者会在开始吸毒后10～20年内死亡。吸毒人群的死亡率较一般人群高15倍。现代医学证实，年轻时染上毒品的人，一般寿命不会超过40岁。

绝大多数吸毒者都会走向人格扭曲、道德沦丧，表现为极度自私、不负责任、不知羞耻、撒谎欺骗、孤僻抑郁、冷漠无情等。

（二）对家庭的危害

吸毒所需资金巨大，吸毒就等于吞噬家庭财富，即使有

万贯家产的家庭也会迅速变贫穷。吸毒还会造成家庭破裂，一人吸毒，不但全家遭殃，就连三亲六故也得不到安宁。

（三）对社会的危害

吸毒与犯罪密不可分。"十毒九盗""十毒九娼"就是对吸毒和犯罪关系的真实写照。吸毒者为获取毒资往往置法律于不顾，不惜行骗、偷盗、抢劫、卖淫，甚至行凶杀人或参与贩毒，严重危害人民生命财产安全和社会秩序，严重妨碍国家的经济建设和精神文明建设。

四、吸烟、酗酒有损健康

烟和酒是有毒的，因为香烟中的尼古丁和酒中的乙醇（酒精）均是毒素，具有兴奋或麻醉神经的作用，并且能使人上瘾，造成人体免疫机能降低而导致各种疾病。据调查，在成年烟民中，3/4 的人是在 15～24 岁这一年龄段学会吸烟的。换句话说，青少年在初中、高中至大学阶段，如果不拒绝第一支烟的诱惑，一旦染上烟瘾，将导致终生难戒。

由于青少年自控自律的能力差，一旦沾染烟酒，极易上瘾，造成病态的生活观和人格缺陷，这又为进一步迈入吸毒深渊埋下了隐患。不少吸毒的青少年就是从吸烟、饮酒等不良习惯开始的。

酒精是世界上最久远、最普遍的迷魂性毒品。酒精影响身体的每个系统，即使是少量的酒精也会严重地改变一个人

第九章　珍重生命

的判断力与识别力。无数的研究报告显示，饮酒与暴力攻击、性犯罪、未成年犯罪、对配偶或子女的家庭暴力、劣根难改的侵犯行为等有因果关系。

酒中除含乙醇（酒精）外，还含有醛、酮和酯类，它们都是对人体有害的物质，其毒性主要作用于肝脏和大脑，可导致肝细胞解毒能力降低。长期饮酒会使肝功能异常，易导致脂肪性肝硬化。酒精进入人体后，主要作用于"人体司令部"——大脑，对其产生抑制作用。当血液中酒精浓度达到 0.1% 时，一般人就会失去自制能力，吐字不清，干扰大脑判断和对运动能力的协调。

吸烟、饮酒对青少年的危害更大。因为青少年正处于生长发育期，器官系统还不完善，比较娇嫩，对外界刺激较敏感，烟酒中的有毒物质更易被吸收，因此对心、肺、脑、肝脏功能的损害更大。

青少年们时时渴望成熟，渴望得到社会的承认。但在媒介的误导之下，他们很容易把吸烟、饮酒当作时尚，显示成熟的豪气，因此很容易步入"瘾君子"的行列。这往往就是他们悲剧人生的开始。中央电视台曾报道过一名山西的高中生在同学的生日宴会上，由于过量饮酒导致酒精深度中毒，经抢救无效死亡。试想：一个活生生的生命，一个有着锦绣前程的青年人，转瞬之间死于酗酒，这不是悲剧吗？他死后，他的父亲还大惑不解地问："怎么吃饭就会吃死人了

呢?"可见有人对酒精之毒害是多么无知。

五、加强教育，让孩子远离毒品

我国记录在册的吸毒者中，80%为青少年，其中25岁以下的占65%。他们是怎样走向吸毒的万丈深渊呢？一项对吸毒原因的调查结果显示：好奇心驱使占84.4%，被他人引诱占10.8%。另外，不辨是非的模仿、精神空虚而寻求刺激、遭遇挫折后缺乏抗争的顽强意志、朋友的负面影响等，也是青少年吸毒的重要原因。尤其令人深思的是，大部分吸毒者之所以染上毒瘾，是由于对毒品的无知。国家禁毒委员会曾对北京安康医院收治的96名戒毒者进行过匿名问卷调查，结果显示：42.1%的吸毒者在吸毒以前并不知道毒品为何物；71.6%的吸毒者在吸毒之前没有看过有关禁毒的资料；92.7%的吸毒者在吸毒前不了解国家的禁毒法规；60.2%的吸毒者表示，假若在第一次吸毒前就知道毒品的危害，他们根本就不会去沾染毒品。由此可见，愚昧和无知是导致青少年吸毒的主要原因。

父母要教育孩子从以下几方面入手，坚决、果断地拒绝毒品。

首先，让孩子深刻认识毒品的危害性，从心理上构筑坚固的拒毒防线，并坚决地拒绝"第一口"，这是远离毒品的关键。一位戒毒者在痛陈吸毒史时悔恨地说："我是因为有

第九章 珍重生命

了第一口,才走到了这一步。"的确是这样,没有第一口,绝不会有第二口;吸了第一口,很难有最后一口。

其次,要督促孩子建立并保持积极健康的生活方式。青少年如果平时努力学习,讲究卫生,合理营养,保证足够的睡眠,坚持锻炼身体,积极参加集体活动,保持心情愉快,会极大地降低接触毒品的机会。

另外,要培养孩子建立良好人际关系的能力,谨慎交友,避免被引入歧途。同时,一定要打消对毒品的好奇心,不要盲目地去模仿。要让孩子明白,毒品是"尝"不得的,现实中有人过分地相信自己的自制力,以为尝几次毒品没关系,自己会凭着毅力去摆脱毒瘾,结果一尝便落入了陷阱,走向了深渊。"试一试"的想法是非常愚蠢、轻率、危险的。研究表明,服用海洛因 $1\sim 2$ 次,就可以使人成瘾,摇头丸等的成瘾速度也非常快。因此,千万不能心存侥幸地去"试一试",否则"一朝吸毒,终身戒毒"。

朋友的负面影响是青少年吸毒的一个重要原因,一个吸毒者会引发周围数名青少年一起吸毒。大多数吸毒的青少年第一次吸毒都是从朋友那里获得毒品,吸毒地点也是在朋友家。因此,教师、父母要特别注意教育孩子谨慎交友。同时,可请抵制毒品侵袭成功、不吸烟的同学现身说法,用这种角色示范的方法去抵制朋友间的负面影响。

研究还表明,青少年的家庭环境、自身健康、心理状态

以及社会环境与他们是否走上吸毒之路有密切关系。因此，父母要给予孩子特别关注，并密切配合教师，对孩子进行拒绝毒品的教育。一些毒贩将毒品伪装成药品、保健品，吹嘘它有解除烦恼、提高学习效率等功效，以此来引诱孩子吸毒。父母要教育孩子提高警惕，谨防上当。同时，在日常生活中还要注意，生了病要在医生的指导下用药，还要教育孩子不要食用陌生人给的饮料、食品等。

此外，禁毒教育要与禁烟教育相结合，除了要讲明香烟本身的危害之外，还要让孩子知晓，从吸烟到吸毒只有一步之遥。

父母要教育孩子树立"吸烟不酷，健康才美"的观点，并学会和掌握一些拒绝吸烟的方法和技巧，果断、巧妙、坚决地拒绝吸烟，要用拒绝"第一口毒"的勇气和决心去拒绝"第一支烟"。要告诉孩子，在拒绝吸烟时，技巧与决心同样重要。如果有人劝你吸烟，首先，要礼貌地用"不会""谢谢"等语言婉言谢绝；其次，可以设法转移话题或者借故离开；再次，可以找些借口，如"我正在生病，不能吸烟"等。在拒绝吸烟的同时，也可冷静地告诉劝自己吸烟的人有关吸烟的诸多危害，并劝说对方不要吸烟，让他知道自己不吸烟的决心。在日常生活中，尽量不与吸烟者交朋友，为自己营造一个"无烟环境"。

作为父母和老师，在教育过程中以身作则是非常重要